洞察人性

[奥] 阿尔弗雷德·阿德勒 （Alfred Adler）◎著

彭科明　何晚晴 ◎译

湖南文艺出版社
HUNAN LITERATURE AND ART PUBLISHING HOUSE

博集天卷
CS-BOOKY

图书在版编目（CIP）数据

洞察人性 /（奥）阿尔弗雷德·阿德勒（Alfred Adler）著；彭科明，何晚晴译 . -- 长沙：湖南文艺出版社，2021.7

书名原文：Understanding Human Nature

ISBN 978-7-5726-0158-3

Ⅰ . ①洞… Ⅱ . ①阿… ②彭… ③何… Ⅲ . ①人性—研究 Ⅳ . ① B82-061

中国版本图书馆 CIP 数据核字（2021）第 081415 号

上架建议：畅销·心理学

DONGCHA RENXING
洞察人性

作　　者：［奥］阿尔弗雷德·阿德勒（Alfred Adler）
译　　者：彭科明　何晚晴
出 版 人：曾赛丰
责任编辑：匡杨乐
监　　制：于向勇
策划编辑：刘洁丽　张　璐
特约审稿：瞿　洋
文案编辑：罗　钦　王成成
营销编辑：王　凤
封面设计：蒋宏工作室
版式设计：梁秋晨
内文排版：麦莫瑞
出　　版：湖南文艺出版社
　　　　　（长沙市雨花区东二环一段 508 号　邮编：410014）
网　　址：www.hnwy.net
印　　刷：天津丰富彩艺印刷有限公司
经　　销：新华书店
开　　本：875mm×1230mm　1/32
字　　数：248 千字
印　　张：10.5
版　　次：2021 年 7 月第 1 版
印　　次：2021 年 7 月第 1 次印刷
书　　号：ISBN 978-7-5726-0158-3
定　　价：50.00 元

若有质量问题，请致电质量监督电话：010-59096394
团购电话：010-59320018

CONTENTS

目录

卷二 性格研究

总序：下一个十年，中国需要什么样的心理学？

在回答这个问题之前，我们先把时间拉回到上一个十年。尽管在二〇〇八年汶川地震之后，越来越多的人高喊"心理学的春天来了！"，但多年以后，心理学在中国的发展依然举步维艰。一座大山横亘在心理学人面前：大众普遍对心理学缺乏认知，或对心理学存在太多的偏见。

十年前，大多数人都不知道心理学是什么，少数人虽然接触过心理学，但了解的往往是被妖魔化、病耻化的心理学。为此，我在很多大会上呼吁：中国心理学的发展需要表达者！

我们需要面向更多的人，在更多的场合去表达什么是心理学，让大众看见心理学，走进心理学。

幸运的是，近年来中国正在经历信息传播方式的变革。大众获取信息的方式呈现出去中心化的趋势，获取信息的渠道逐渐从传统媒体转向新媒体。新媒体的兴起，大大加速了信息的传播。在传统媒体时代，一起社会事件从发酵到尽人皆知，可能需要几天甚至更长的时间。微博和微信等新媒体的出现，让信息抵达受众的时间大大缩短，一起事件引爆全网可能只需要一天，甚至几个小时。

信息传播速度的加快也为心理学的普及带来了巨大的便利，让大众能够以前所未有的速度去接触并了解心理学。许多心理学的专业术语和知识也能够以碎片化的方式触达大众。比如"原生家庭""延迟满足"等，这些以前只有在专业场合才会听到的概念，慢慢被大众所熟知和讨论。

我特别感谢这些新事物的涌现，因为它们在大众和心理学之间架起了一座桥梁。但与此同时，我也观察到一个有意思的现象：越是与大众的痛苦相关的心理学理论和知识，越是容易被大众所接受。

过去几年，"童年决定论""父母皆祸害"等观点不断出现。这些观点让心理学有被归于宿命论的倾向。我身边有些朋友，他们接触心理学，并用心理学为他们不幸的人生寻找注脚，甚至会基于一些碎片化、鸡汤化的心理学知识，快速地对号入座，给自己贴上一些标签，然后心安理得地逃避，抱怨他人，抱怨过去，找到问题却不解决问题，让生活止步不前。

心理学并没有让这些朋友产生积极的改变，而是让他们从一种不幸的人生，不知不觉地滑向了另一种不幸的人生。

这就给心理学人提出了一个问题：我们需要把什么样的心理学带给

大众?

带着这样的思考,壹心理决定与中南博集天卷文化传媒有限公司合作,推出一套适合大众阅读的心理学丛书。我们将重新翻译一些改变人类历史的心理学著作,尝试构建一条系统的、可靠的、高水准的心理学学习路径。

这也是壹心理首次监制出品图书。我们邀请多位心理学专家成立了图书编审小组,从译文到专业术语,精译精审,力求做到专业和严谨。

这次合作出版的第一套书来自对我本人影响巨大的一位心理学家——阿尔弗雷德·阿德勒。我相信很多人曾读过他的作品《自卑与超越》。阿德勒不是一个只懂理论的心理学家,他用早年的生活演绎了什么是自卑,用成年后的生活演绎了如何超越自卑:一个身体存在缺陷的男孩,一步步成为他那个时代极负盛名的心理学家之一。

我们一共翻译了阿德勒的四部作品:《自卑与超越》《洞察人性》《儿童教育心理学》《个体心理学》。值得一提的是,《个体心理学》是首次在国内出版简体中文版,因为其英文版的出版时间距今十分久远(近一百年),语言相对晦涩,翻译难度大,壹心理的专家团队和三位译者前前后后对译稿进行了十几遍修改。为了让读者有更好的阅读体验,我们对心理学的专业术语和较难理解的内容做了注释,并对译稿做了适当的删节。

读完阿德勒的书籍,你也许会对心理学有更深入的了解。

心理学不只能帮我们找到内心问题的成因,更重要的是能帮我们找到解决内心问题的方法。当我们用心理学知识追溯内心问题，发现一些早期创伤时，我们不必在早期创伤里反刍。阿德勒告诉我们，决定我们目前状况的不是我们过去的经历，而是我们为经历赋予的意义。所以，我们只须看见过往，而无须与过往纠缠。

也许你经历过不幸，但你依然可以重新选择。你的人生不是由别人决定的，而是由你自己选择的。阿德勒的学说绝不是让你把自己塑造成完美的受害者，而是鼓励你成为掌控自己人生的创造者。

如果你正在遭遇人生挫折，想做出改变，不妨翻开这几本书，从中获取力量。同时，也请你记住，无论面对什么样的挑战，都不要轻易选择容易走的那条路。

世界和我爱着你！

黄伟强

写于壹心理银河系总部

二〇二一年五月二十五日

作者序

在本书中，我将为普通大众解释个体心理学的基本原理，并对这些原理在处理日常关系时的实际应用加以阐述。这里所说的日常关系不仅包括人与世界的关系、人与同伴的关系，还包括人的生活模式。我曾经在维也纳人民学院为数百位不同年龄、不同职业、不同性别的听众开过为期一年的讲座，本书就是在这个系列讲座的基础上写成的。写作这本书，有几个主要目的：首先，指出个体的错误行为会如何影响社会和公共生活的和谐；其次，教会个体认识自己的错误；最后，指导个体融入社会生活。商业或科学方面的错误固然代价高昂、令人惋惜，但生活模式上的错误往往会危及生活本身。本书的任务正是要帮助人们更透彻地理解人性。

——阿尔弗雷德·阿德勒

前言

人的命运在于他的灵魂。——希罗多德（Herodotus）

在研究人性科学时，如果自以为是、骄傲自大，那是行不通的。唯有抱着谦虚的态度，我们才能理解人性。探索人性是一项艰巨的任务，也是人类自古以来一直在努力解决的问题。探索人性的目的不是培养专家，而是帮助人们理解人性。但我这一观点难免被一些学界人士挖苦，因为学界总有些人认为，研究结果专属于学术圈的少数人。

人与人之间总是存在诸多隔阂，导致大多数人对人性都不甚了解。以前，人类的生活不像今日这般疏离。如今，自小我们就很少与他人接触，家庭将我们与外界隔离了。这种生活方式使人与人之间难以产生密切的互动，但这种互动对科学研究与理解人性相当重要。人与人之间因为缺乏交流，常常容易产生敌意。我们总是会对别人做出错误的行为，对他人的判断也经常出现偏差，归根结底是因为我们不够了解人性。我们虽然交流，却无法交心；虽然面对面，却没有心连心。究其原因，是人们都把彼此当成陌生人，这种情况不仅发生在社会上，在家里也是如此。我们常听到父母抱怨不了解自己的子女，或者子女抱怨父母误解自己。其实，我们对待他人的态度，取决于我们对他人的了解程度。可以这么说，理解他人是社会关系的基础。人们如果能够多认识几分人性，相处起来也会多几分融洽，也就少了几分人际关系的困扰。人与人相处出现意见不合或者处不来的状况，都是由于对人性的认识不够充分。一旦对人性认识不够，那看到他人的外在行为时，就容易产生误解或者为表象所迷惑。

本书旨在解释为什么我们要从医学观点来探讨人性，为什么要将人性这一广泛而模糊的领域当作一门科学，进而为人性研究奠定明确的理论基础。我们还会仔细检视人性科学的前提，明确人性研究中需要解决的问题，以及我们能从中收获何种益处。

心理治疗作为一门科学，首先要求我们对人性有深刻的理解。心理治疗师必须能够在短时间内洞悉神经症①患者的内心。心理治疗是医学中非常特殊的分支，专业人员只有非常清楚地了解患者的内心出了什么问题，方能在诊断时做出准确无误的判断，从而进行治疗并开出药方。只看患者的外在行为是行不通的。诊断一旦出错，很快就会导致惨痛的

---

① 神经症（neurosis），没有任何可证实的器质性基础的精神障碍，起病多与心理社会（环境）因素有关。主要表现为焦虑、抑郁、恐惧、强迫、疑病症状，包括焦虑性神经症、强迫性神经症、恐怖性神经症、神经衰弱、躯体化障碍以及其他未分类型的神经症。——编者注。以下若无特殊说明，均为编者注。

后果；而正确理解心理疾病便可让治疗顺利进行。换言之，治疗效果是医生对人性理解的最有效测验。在日常生活中，倘若我们误解他人的意思，并不一定会立刻导致什么可怕的后果，因为错误的判断带来的后果通常要过很久才会显现，所以当中的因果关系并不明显。往往是事隔数十年后才猛然惊觉：当时对他人的误解，后果竟然这么严重。这类不幸的事情告诉我们，每个人都要了解人性的知识，并将其运用到生活中。

我们对神经性疾病患者所做的检查显示，虽然患者表现出精神异常、心理情结和心理失衡等症状，但患者的心理活动与正常人的心理活动在结构上并无二致，不管是心理活动的要素、前提还是行为表现都没有差异。唯一的不同是，神经性疾病患者的心理互动比较引人注意，也比较容易识别。了解这一点的好处就是，我们可以从精神异常者身上总结一些经验，进而更加敏锐地去检视正常人的精神生活是否表现出类似的人格特征。想做到这一点不难，只要经过训练，付出热忱与耐心，都能学会。

我们第一个重大发现是：决定一个人精神生活结构的基本要素在童年时期就已经基本成型。其实这个结论本身算不上什么重大发现，不同时代的伟大思想家都提出过类似的观点。但我们的创新之处在于，我们可以将一个人已知的童年经验、印象、观点与其长大后的心理现象加以结合，建构出一套明确、连续的心理发展模式。如此一来，我们可以将童年的经验、观点与成年后的经验、观点做比较。通过比较我们有了一项重要发现，即精神状态会有独特的外在表现形式，且都是相互关联的。我们必须把这些表现形式看作整体人格的一部分，这样才能正确解读它们。因此我们认识到，要想对这些表现形式有正确的理解和判断，就必须将其作为整体精神状态的一部分，必须确定这些表现形式在人的整体精神活动和行为模式中所处的位置，必须掌握人的生活方式，也必须认识到一个人童年时期的潜在目标与其成年以后的态度是一脉相承的。简而言之，我们可以证明一个观点，即人的精神活动不会产生本质的变化。这个观点不免令人感到惊讶。人类精神活动的外在表现形式（如言谈举止）可能会有各种各样的变化，但其基本意图、行为动机，以及将精神活动引向最终目标的一切，从童年到成年都没有改变。例如，有这样一位成年患者，他焦虑不安，容易猜忌、不信任他人，行为表现明显有脱离社会的倾向。这些特征和心理活动在他三四岁时便已经出现。由于他孩提时期还不懂得掩饰情感，所以当这些特征出现在他身上时，就很容易被看出来。基于此，我们习惯把研究重心放在患者的童年时期上。只要知道患者在童年时期的性格特征，不用对方透露，我们便可以推测出成年的他具备哪些人格特点。在成年患者身上观察到的特征，可以说是他童年经历的直接投射。

只要能让患者清晰地回忆童年生活，只要知道如何正确解读这些记忆，我们就能比较准确地重建患者现在的性格模式。因为我们知道，一般人在儿时养成的行为习惯，即使到了成年也很难改变。即便长大成人后面临不同的环境，能够改变儿时行为模式的人仍是少数。即使一个人长大后态度有所变化，也并不意味着他的行为模式会发生变化。总之，精神生活的基础并没有改变，人们在童年时期与成年后仍保持着相同的行为路线。我们推断，一个人生命中的目标同样会维持不变。所以，如果要改变成年人的行为模式，就必须将研究重心放在他的童年经验上。此外，能不能顺利改变一个人成年后的种种经历和他对这些经历的印象并非重点。重要的是要找出患者最根本的行为模式。只要做到这点，我们就能看出他基本的人格特征，从而有效治疗患者的疾病。

所以，研究儿童的精神生活就成了这门科学的支撑点，而探讨童年早期经验的研究也还有待加强，还有非常多的未知内容等待我们去探究。因此，任何一个研究者在这方面都有可能取得极有价值的新成果，这些成果将会大大有助于人性研究。

我们绝不是为了研究而研究，而是为了造福于人类。本着这一原则，我们研究出了一种帮助人们预防性格缺陷的方法。我们的研究没有墨守成规，而是着力深入教育学领域。并且，我们为此倾注了大量心血。教育学是个宝库，等待着有心人来开发。我们可以将人性学的研究成果与教育学结合。教育学和人性学一样，不是来源于书本，而是来源于生活。

患者会将其精神生活投射在外，我们必须能够感同身受、融入其中，经历他们的欢喜与悲伤。这就好比优秀的画家在画人像时，画得出人的轮廓，也画得出人的内心。人性研究可以被视为一种艺术，有着多种表现手法，且与其他各类艺术关系密切，并且能为其他艺术所用。尤其是对诗与文学来说，人性研究显得更加重要。人性研究的首要目标，就是帮助我们进一步了解人类。也就是说，人性研究必须让我们的心灵得到更健康、更成熟的发展。

我们的研究有个难题，就是我们常常发现，人们谈到如何"理解人性"时，总是自以为是，忘乎所以。人们都觉得自己对人性非常了解，但其实他们对这方面的认识非常少。如果有人质疑他们理解人性的能力，或考考他们对人性的认识有多少，他们绝对会感到不高兴。不过，真正愿意理解人性的人通常能将心比心，去感受他人存在的价值和意义。这样的人，要么本身经历过心理危机，要么能够对他人的危机感同身受。

因此我们认为，对于如何运用专业知识，有必要制定一套严谨的策略和方法。假如我们将研究他人心灵时所发现的事实粗率且不加修饰地直接当着对方的面说出口，一定会引来反感并遭一顿白眼。理解人性这件事，弄不好就会招人厌烦，因而务必要小心。要毁坏自己的名声很简单，只要将人性心理学的知识用在不该用的地方，好比说妄自猜测邻桌客人是什么个性。另外，误把人性研究的基础知识当作亘古不变的定律，用堂而皇之的大道理来启发那些对人性所知不多的人，也是非常不妥的。这种做法若是给那些熟悉这门学问的人看到，也会觉得你在侮辱知识。为此，我们要再次提醒：学习人性科学一定要谦虚谨慎。我们切忌冒冒失失地到处宣扬自己的研究成果。只有小孩才会迫不及待地炫耀自己什么都懂，成年人要是也这么炫耀，未免有失妥当。

我们建议，所有研究人类心灵的专家最好三思而后行。我们在开导一个人时得出的初步结论，在未经允许的情况下，不能硬套在他人身上，否则只会给人带来伤害。这种鲁莽的做法只会扼杀这门仍在发展中的学科，甚至破坏自己的研究计划。如果研究人性的新手因热情高涨犯下思虑不周的错误，我们也要负起相应的责任。所以，我们的研究必须小心谨慎地进行，在面对片面信息时，切勿妄下结论，务必基于全局看待事物。再者，我们只有在确定某个研究结论对他人有益的情况下，才能把它发表出来。否则，即便我们对人性的判断是正确的，但如果以不当的方式在错误的时机公开，也只会给他人造成伤害。

讨论到这里，想必很多人心中已经产生不少疑问，我有必要为大家先做一些解释。前面提到过，个体的生活方式不会改变。这一点许多人似乎难以理解，因为人的一生会经历各种各样的事情，这些经历会改变其对生活的态度。但别忘了，同样的经验可以从不同的角度解读，即使有两个人经历相同的事，他们也不一定会得出相同的结论。也就是说，我们不见得会随着经历更多事而变得更聪明，但我们会学着如何避开难题，并形成一套自己独有的处世哲学。然而，人们遵循的行为习惯不会改变。在后面的讨论里我会提到，人们习惯认为自己所有的作为都是为了同一个目的。进一步的研究表明，人们所有的经验必定与自己的生活方式、行为模式相互吻合。众所周知，自己的经验自己创造。我们会经历哪些事，用什么态度面对，都取决于自己。通过观察人们的日常生活，我们不难发现，人们无论做什么事，都是从经验中寻找自己想要的答案。举个例子，有个人总是犯同样的错误。但经别人提醒，他也会注意到自己的问题，这时他的反应可分为几种。他可能会说："你说得对，我这就改。"但能这么回应的人少之又少。更常见的情况是，他会狡辩："老毛病了，改不掉了。"他也可能把责任推给父母和教育，埋怨没有人关心他，抱怨别人把自己惯坏了，或者哭诉自己之前受过虐待，总之都是借口。不管是什么借口，说到底都是他想推卸责任，用这种方法给自己找一个堂而皇之的理由，好让大家不责备他。久而久之，他就觉得自己一事无成全是别人的错，而自己永远没错！这种人这也抱怨，那也抱怨，却忘了要自己努力避免犯错。他们恨不得一直这么错下去，然后疯狂地责怪别人没把自己教育好。只要他们愿意，用相同的借口活一辈子都没问题。对于同样的经验，我们可以有多种解读角度，也可以从中推导出各种不同的结论。所以我们知道，为什么人们不肯改变自己的行为模式，而只想曲解个人经验，直到让经验完全符合自己的行为模式。要人们认识自己、改变自己，实在太难了！

如果一个人对人性科学的理论与实践了解不够深入，是很难教导他人改变自己的。因为他只在事情的表面下功夫，误以为改变事情的表象，就算大功告成。但事实证明，用这种方式改变一个人是无用的。行为的改变只是表面的，只要行为的基本动机没有修正，任何改变都是枉然。

改变一个人并不容易，它要求我们乐观、有耐心，并摈弃虚荣心。

因为人们是让我们帮他们改变自己，而不是把他们当作喂养我们虚荣心的客体。此外，协助他人改变的时候，必须让对方觉得我们的做法合情合理。否则，就像一道本该美味而富有营养的菜肴，如果烹调得随随便便，卖相也差，那肯定不会有人想品尝。

研究人性科学的另一层意义在于其社会性。如果人们能更了解彼此，相处就会更融洽，关系也更密切。这样一来，人们就不太可能互相欺骗或相互伤害。社会上最大的危害就是欺骗，这也是我必须给所有从事人性科学研究的同行敲响的警钟。心理学家在实践人性科学的理论时，务必让患者知道，每个人心中都有股未知的潜意识暗流在影响自己。我们如果想要帮助患者，就必须能够辨识人类行为中所有扭曲、伪装、欺骗的伎俩。为此，我们必须通晓人性科学，并在治疗患者时不忘其背后的社会性。

什么人最适合从事人性科学的研究并加以实践呢？前面提到过，光学习理论，知道规则和数据是不够的。我们必须将理论与实践结合起来，这样我们对人性的理解才会变得敏锐、深刻。这才是人性科学理论的真正目的。只有深入日常生活，检验并应用理论，才能活用人性科学。我们提出这个问题是有原因的。当前的教育体系对人性的知识传授得太少，而且大部分都是不正确的，不足以教导我们如何认识人类的心灵。因此，小孩只能靠自己理解过往的经历，在课堂和书本之外建立这方面的认知。对人性的解读目前还没有形成完整的体系，人性科学当前的地位，就像是炼金术时代的化学。

幸运的是，即便在这种杂乱无章、不健全的教育体制下，还是有一些人能够积极地融入社会，而这样的人最适合从事人性研究。在从事人性研究时，我们会遇到形形色色的人，有些乐观向上，有些悲观消极但不妥协。然而，光是与人接触是不够的，我们还需要亲身体验。

在这个人性教育不足的年代，只有一种人对人性是有深刻感悟的，那就是曾犯下大错但痛改前非的人。这种人要么曾经陷入思想的旋涡，犯下各种错误并受困其中，但最后实现了自救；要么曾经与这样的旋涡擦肩而过，感受过强烈的精神冲击。当然，有的人天生知道人性是什么，他们能够感同身受，并富有同理心。不过，最了解人性的人，莫过于那些亲身经历过各种情感起伏的人。因此，无论是现在还是在各大宗教刚创立的时代，这种犯了错但能痛改前非的人都是难能可贵的。他们甚至比许多正派人士都站得更高。为什么这么说？一个能够走出生活的困境，爬出生命的泥沼，学会在逆境中找到力量的人，最能体会生命的光芒与阴暗。在理解人性方面，他们的体悟要比别人深刻得多，即使是正派人士恐怕也比不过。

如果遇见有人因为自己的行为模式过得不快乐，我们就有义务帮助他们。我们可以运用自己对人性的理解帮助他们修正错误的观点，回归生命正轨。我们必须帮助他们形成更有益的视角，让他们能够适应社会，帮助他们在生命中找到幸福。我们也必须帮助他们建立新的思想体系，引导他们培养以社会意识和团体精神为重心的生活模式。我们无须帮身陷困境的人打造一种理想的心灵架构，只要提供一种新视野，对他们来说就已经非常受用了。因为，他们会看到自己哪里出了问题。严格信奉决定论的人认为，人类所有活动都逃不掉因果定律的左右。我们觉得，这种说法是不正确的。我们认为，只要一个人能不断探索自己的心灵，保持内省，并不断反思自己生活的目的，那么随着他经历越来越多不同的事情，他的观念就会发生根本变化。此时，因果定律变得完全不同。只要一个人能找到行动的动力，能主导自己的内心，那么他对自己的认知就会愈发清晰而深刻。如果他明白这个道理，他就会发生根本性的改变，再也不会逃避生活和自己该承担的责任。

人的行为

第一章

人的精神

洞察人性

UNDERSTANDING
HUMAN
NATURE

1. 精神生活的概念与前提

一般认为，精神仅属于有生命、能自由活动的生命体。精神和自由行动有着内在联系。对那些根系深深扎入地下的机体而言，精神并非必需的。如果根系深入大地的植物有自己的情感与思想，必定与大自然格格不入。试想一下，植物要是能承受或者能预感到无从避免的疼痛，那该是多么奇怪的事情？如果我们一边认为植物有理性思考和自由意志，一边又假定植物无法运用其意志，这不是自相矛盾吗？基于这种考量，说植物有意志、有理性是站不住脚的。

运动和精神生活之间存在明确的因果关系，动物和植物之间的区别由此而来。因而，在精神生活的演变进程中，必须将一切与运动相关的因素考虑在内。在遇到任何由于位置变化带来的困难时，都需要运用精神力量去累积经验、存储记忆、预测未来，这样才能使生命体更适应生活的方方面面。因此，从一开始我们就可以明确一个观点：精神生活的发展离不开运动，且精神所能成就的一切发展和进步都取决于生命体的自由运动。这种自由运动能刺激精神生活，推动精神生活不断发展，并要求精神生活不断提升强度。设想一下，如果一个人的所有举动都在我们的预料之中，那我们就可以断定这个人的精神已经停滞。正所谓"只有自由能造就伟人，强制只会扼杀和摧毁他们"。

2.精神器官的功能

如果从上面这个视角去分析精神器官的功能，不难发现，我们其实是在考察生命体遗传能力的演化。有生命的机体正是通过这个可攻可守的器官根据自己所处的环境做出适当的反应。精神生活是一种既积极进取又寻求安全的复杂举动，最终是为了保证自身能在地球持久地存活，并确保自己安全地获得发展。以此为前提，我们就可以继续考察后续的问题，这关乎我们能否真切领会什么是精神。必须指出，人的精神生活是不可能脱离社会的。我们能想到的精神，无一不是与环境息息相关的。精神受外界刺激，并对刺激加以回应，要么是舍弃那些不再能保护有机体免受外部世界侵袭、破坏的精神能力，要么是顺应这些力量来保障自身的生存。

精神生活和外部世界相互作用的例子不胜枚举，所有的相互作用都离不开生命体本身的特性，如人类特征、身体属性以及自身优缺点。不过这些都是相对的概念，因为一种能力或一个器官是好是坏，谁也无法断定，只能取决于个人所处的现实环境。众所周知，人类的脚在某种意义上是退化了的手。对需要攀爬的动物而言，这无疑是个致命缺陷；但对在陆地上行走的人类而言，这种"退化"却极为有利。因而，没有哪个人会要一只"没退化"的手，而舍弃一只"退化了"的脚。正因此，自卑不该被视为一切罪恶之源，这一点不仅适用于自己，也适用于他人。自卑究竟会带来好处还是坏处，需要依据人所处的具体环境而定。总而言之，每当想到宇宙的昼夜交替、阳光普照以及原子的运动等与人类心灵之间的种种联系是如此复杂多样时，我们便能切实体会到这些力量对人类精神生活的影响是多么巨大。

3. 精神生活的目的

　　精神生活最显著的一个倾向就是，它的所有活动都指向一个目标。由此可见，人的精神绝不是一个静止的整体，而是一个包含了多种行动力的集合体。这些行动力由同一个原因所引发，也是为了实现同一个目标而努力。事实上，人的精神之所以有特定的目标，是因为要适应自身所处的环境。我们每个人的内心世界中都蕴藏着这样一个目标，正是这个目标牵动并指引着我们的一切活动。

　　人的精神生活是由其目标所决定的。倘若没有一个始终存在的目标来规定、延续、修正并指引内心世界的所有活动，人就不可能去思考、去感受、去渴望、去梦想。人必然要为自己设定目标，因为他必须让自己适应环境并对环境做出适当的反应。适应环境是人类的肉体和心灵必然要满足的一个基本需求，这一点我们之前已经有所阐述。可以说，要想让精神不断地向前发展，我们必须设定一个终极目标，一个能激发生命活力的目标。这个目标既可以是静止不变的，也可以是不断变化的。

从这个意义上来讲，人类所有的内心活动都是在为将来的某种处境做准备。在我们的心灵中，除了一股朝着某个特定目标前进的力量之外，别无他物。因此，在个体心理学看来，人类心灵的所有表现形式都是指向同一个目标的。

在我们了解一个人的目标，并对世界的规律也有所认识之后，我们就一定能看透这个人各种行动和表现背后所隐含的意义，能明白他之所以有这些行动和表现无非是为了实现他的目标。我们甚至还能预见到这个人为了实现目标将会采取什么样的行动，这就像我们把石头往地上扔的时候必然会知道它的下落轨迹一样。当然，人的精神不遵循自然法则，因为人虽然都有一个始终存在的目标，但是这个目标总是变化无常的。话说回来，假如一个人拥有这样一个始终存在的目标，那么他的任何心理倾向都会在某种外在力量的驱使下不由自主地追求这一目标，就好像有一条无形的自然法则在支配他、指引他。诚然，世界上确实存在能够支配精神的法则，但那都是一些人为的法则。要是有人敢信誓旦旦地说自己有充分的证据证明存在绝对客观的精神法则，那他一定是被表面现象蒙蔽了。因为，当一个人相信环境决定一切或者境遇不可改变时，那就只能说明这个人是在自欺欺人。举个例子，有一位画家想要画一幅画，那么人们自然会认为他的所有态度都应该是服务于完成画作这个目标的，认为他将采取一系列必要的行动，而这些行动必然会让他实现完成画作这一目标，就好像有一个自然法则在支配他。但问题是，他果真非得画这幅画不可吗？

　　自然界的事物有其运行规则，人的精神活动又有另一套运行规则，二者是有本质区别的。明白这一点至关重要，因为一切与自由意志有关的问题都要遵循这一原则。如今人们普遍认为人的意志并不是自由的。的确如此，一旦人的意志纠缠或绑定在某个目标上，必然就会受到束缚。此外，由于这个目标也受制于人与宇宙、动物以及社会之间的密切关系，所以心灵有时候看上去仿佛是受某些严格的法则限制一样。不过，假如一个人不承认自己与社会有任何关系，并且抗拒一切社会关系，或者拒绝适应现实生活，那么对他来说，所有这些看似真实存在的法则便不再有效，取而代之的是由他的新目标所决定的新法则。同样，当一个人对生活感到迷茫，企图剪断自己对同类的感情时，那么社会生活的普遍法则也就无法约束他了。综上所述，我们可以断言，只有在一个人确定自己的目标之后，相应的精神活动才会出现。

　　反过来说，我们完全有可能从一个人当前的种种行为推断出他的目标。这种推断非常有意义，因为对自己的目标了如指掌的人实在是凤毛麟角。况且从实践的角度来讲，要想深入了解人类，由行为推断目标的做法绝对是一道不可省略的程序。但这并非易事，因为一个人的某种行为可能会蕴含很多意义。不过，我们倒是有一个比较有效的办法，那就是记录一个人的各种行为，加以比较，并以图表的形式罗列出来。比如，先将他的某一种态度确定下来，再找出符合这一态度的两种行为，接着用两个点来分别表示这两种行为，并加以连接，这样我们就会发现不同时间里同一种态度会呈曲线变化。借此，我们对一个人的人生就会有整体上的认识，从而能够更深入地了解这个人。一个人成年后的生活方式与其儿时的生活方式是一脉相承的。那么，怎样才能找出二者之间的联系呢？下面我们来举例说明。

有一位三十岁的男子，其性格极具攻击性。他前来就医主要是因为他极度抑郁。尽管他在人格发展方面有一些障碍，但他在事业上确实有所成就，受人尊敬。他抱怨自己没心思工作，觉得生活了无生趣；说自己虽然就要订婚了，但是对将来的婚姻生活没有信心。此外，他的猜忌心很重，这让他本人备受煎熬，也使他和未婚妻的关系濒临破裂。他试图通过列举这些事实来证明自己的观点，但是都不太站得住脚。因为在别人看来，他不该指责他的未婚妻。并且，他对未婚妻表现出强烈猜疑说明问题全出在他身上。我们在生活中经常会遇到这样一些人，他们在和别人接触的过程中深深为对方所吸引，但又会立即采取一种攻击性态度，从而使他们曾试图建立的良好关系毁于一旦。这个男人就属于这类人。

现在，我们按照前面所讲的方法来绘制这名男子的生活方式图表，具体步骤如下。首先让他回想人生中的一件事情，同时设法将这件事情与他目前的态度联系起来。根据经验，我们通常要求病人说出自己最早的儿时记忆。但我们知道，童年记忆究竟有多大价值是很难被客观判断的。这名男子最早的童年记忆是这样的：他和母亲、弟弟在一个市场里。市场里拥挤不堪，人声鼎沸，母亲把身为哥哥的他抱了起来。但很快母亲就发现抱错了，于是便放下他，又抱起了他弟弟，而他则在人群中被挤来挤去，不知所措。当时他只有四岁。在他讲述童年记忆时，我们听到了和他讲述自己性格时类似的调子，这证实了我们之前的推测。根据他对现状的抱怨，我们曾经推测，他这个人既不能确定自己是否受宠爱，也无法忍受别人得宠。在我们把他的现状和童年记忆之间的联系向他解释清楚之后，他恍然大悟，立即明白了自己的问题究竟出在哪里。

每个人的行为都会指向特定的目标，这个目标取决于他儿时的成长环境给他留下的影响和印象。理想状态，也即这个目标一般在孩子刚生下来的那几个月就形成了。甚至在这么小的时候，孩子就会对周遭环境有感觉，这些感觉会唤起他们愉悦或不适的反应。此时，孩子就已经得出自己的第一条人生哲学了，尽管是通过最原始的方式表达出来的。简而言之，当一个人还是婴儿的时候，影响其心灵的基本要素便已确定下来。这些要素构成了一个上层结构，这个上层结构可能会有修正，会受影响，会有改变。现实中各种各样的影响会促使婴儿形成明确的生活态度，并使其以特定的方式回应生活中出现的问题。

一些研究者相信，成年人主要的性格特征通常在婴儿时期就已经彰显，这种看法并没有错。不过，这会让人们误以为性格是遗传而来的。人的性格来自父母的遗传这一观念绝对有百害而无一利，它会打击教育工作者的信心，妨碍他们对孩子进行教育工作。但是，之所以会有人相信性格来自遗传，还有一个很重要的原因，那就是他们可以拿这种说法当借口，从而便轻描淡写地将学生的失败归咎于遗传，而自己则不必承担任何责任。这种做法显然是违背教育宗旨的。

我们的文明在人们确立目标的过程中起着重要作用。它在儿童的成长路上设置了各种各样的障碍，让儿童在各种限制中不断碰壁摸索，直到找到自己的理想状态，既能保证自己的安全，又有足够的能力去适应人生。在社会中存活需要有多大程度的安全保障，这一点儿童可能在很小的时候就已经摸索出来。我们这里所说的安全并不仅仅指远离危险，而且指含义更为广泛的安全系数，即能够保证一个人在最有利的环境中生存下去的安全系数，这其实同我们在操作一台设计精良的机器时所说的"安全系数"是一个道理。一个孩子在追求这个安全系数时，会要求这个系数远远大于他们应付日常生活以及顺利成长所需的安全系数。于是，他的精神生活便会产生一项新的活动，即想获得支配权，想要比别人更优越。和成年人一样，他也想将所有的对手远远地抛在身后。他会拼命想获得一种优越感，好从这优越感中获得安全感并适应生活，从而实现他在此之前为自己定下的目标。正是因为有了如此强烈的追求，他的心灵深处自然而然便会涌起一股不安定的情绪，随着时间的流逝，这股情绪必然会愈演愈烈。假设出现了某种需要他立即做出果断反应的危急情况，而他又没有信心战胜困难，他便会竭力躲闪推诿，找出各种托词为自己辩解。这种做法恰恰证明了他对成就和优越的潜在渴求。

每次遇到类似的情形，他的第一反应往往是避重就轻，以避免更大的困境。这类人在困难面前畏葸不前，想方设法地躲避困难，都是为了暂时逃避生活提出的种种难题。我们必须明白，人类心灵的各种反应并不是一锤定音的。换句话说，每个反应都是局部的，其有效性是暂时的，所以我们不能认为这就是一个人面对问题给出的最终答案。尤其是在儿童心灵的发展阶段，我们发现，儿童的目标虽然有了具象的表现，但都是短暂的。由此可见，我们不能用成年人的标准来衡量儿童的心灵。面对儿童，我们一定要研究得更深入，去探索他们倾尽全力想要达到的那个目标最终会将他们引向何处。假如我们能将心比心地去理解儿童，就一定能认识到这样一个现象：为了适应生活，儿童会为自己树立一个理想，而他们所做的一切都是为了实现这个理想。所以，要想了解儿童的行为动机，我们必须站在儿童的角度来看问题。儿童的心态与其看待问题的方式密切相关。有些儿童天生乐观，相信自己能轻轻松松地解决一切问题。倘若他们一直抱着这样的态度，那么长大后便会形成自信的性格，相信一切尽在自己的掌握中。这类儿童能发展出许多良好的品质，比如勇敢、豁达、坦诚、有责任感、勤奋等。有乐观的儿童，就有悲观的儿童。试想，假如一个孩子对自己是否能解决问题没有信心，那他会有怎样的目标呢？在他眼里，世界该是多么灰暗啊！在他身上，我们会看到懦弱胆怯、沉默内向、疑惑怀疑，以及所有那些弱者用来为自己辩护时表现出的性格特征。他的目标如此遥不可及，和现实人生根本不沾边。

第二章

精神生活的社会属性

要想了解一个人的思维方式，就要看他和同伴之间的关系如何。人与人之间的关系主要受两方面因素的影响：一是宇宙的自然属性，在此因素的影响下，人与人之间的关系比较容易发生变化；二是固定不变的制度或习俗，如社会或国家的政治传统等，倘若弄不清楚这些社会关系，我们便无法了解一个人的精神活动。

1.绝对真理

人的精神无法自由随意、漫无目标地活动，因为总有各种各样的问题摆在它面前，需要它去解决，这无疑决定了精神的活动轨迹。这些问题的解决与社会生活的规律密切相关。因而社会生活必然会对个人产生影响，而社会生活本身却极少受到个人的影响，即便是受到了影响，也只是在有限的范围之内。但尽管如此，我们也不能将社会生活的现状视为永恒不变的终极状态，因为生活本身不仅纷繁复杂，而且很容易发生变化。既然人类不可避免地要受到社会生活的影响，而且每个人都与社会生活有着盘根错节的联系，那么要想清楚地知道一个人的精神生活，彻底了解一个人的内心，就几乎是不可能的。

为摆脱这一困境，我们只能把社会生活的规律看作世界上的一个绝对真理，并坚信只要我们坚持不懈地解决由于人类能力不足以及制度不完善所造成的各种问题，便能一步一步地接近这个绝对真理。

还有一个问题也非常值得我们注意，那就是社会的物质条件，马克思和恩格斯对此有过详细论述。马克思和恩格斯认为，经济基础（人们赖以为生的东西）决定着"理想的、符合逻辑的上层建筑"（人们的思想和行为）。事实上，我们所说的"社会生活的规律"和"绝对真理"在某种程度上与他们的这些观点不谋而合。但根据历史经验以及我们对个体生命的深入研究（我们的"个体心理学"），我们发现，迫于某种经济状况，一个人往往会不假思索地做出一些缺乏远见的错误反应；而在试图摆脱这种经济状况的过程中，他很可能会越陷越深，让局面变得越发不可收拾。在我们努力探索社会生活的规律时，必然会遇到无数个这样的错误。

2. 社会生活的必要性

社会生活有自成体系的规范，像气候法则一样约束着人类的行为。气候变化要求我们必须采取建筑房屋之类的手段来御寒保暖。社会生活规范通常体现为各种各样的制度和习俗，其中有许多是我们无法完全明白的。以宗教为例，教徒们会使用圣灵化的公共用语，以此形成不言而喻的一种默契。我们要承认生活状况首先取决于宇宙自然的影响力，此外还会受到人类社会生活的制约，以及各种约定俗成的社会规范的制约。一言以蔽之，社会生活高于个人生活。在人类文明发展史上，没有哪种生活形态不是以社会生活为基础的，也没有哪个人能彻底脱离人类社会而独自生存。这倒不难理解，因为在动物界普遍存在着这样一条基本法则：**凡是个体成员缺乏自我保护能力的物种，必然会通过群居的方式获取新的力量，从而保护自己。**

　　正是因为人类有群居的本能，才发展出强大的心灵来抵御严酷的环境，而心灵本质上是植根于社会生活的。达尔文在很早以前就注意到一个现象，即弱小的动物都不会独居。我们不得不将人类归为弱小的动物，因为人的身体不够强大，无法独自在自然中存活下去。在大自然面前，人是如此渺小。为了能够在地球上生存下去，人必须借助各种手工制造的器械来弥补身体力量上的缺陷。试想，当一个人孤零零地住在原始森林，手头没有任何先进工具，他会有什么样的遭遇呢？他的生存能力肯定不如其他生物，跑得没有动物快，力气没有动物大，没有肉食动物的利齿，也没有敏锐的听觉和视力，而这些都是在大自然中生存所必不可少的条件。因此，人需要大量的装备来保障自己的生存。人要保证营养，完善人格，保持良好的生活方式，在方方面面得到有力保障。

　　现在我们明白了，人只有在特别有利的环境中才能生存下去。而能够为人类的生存创造出有利环境的，恰恰是我们的社会生活。社会生活是人类的必需品，因为只有合作和劳动分工才能使每个人都成为集体的一分子，才能使人类生生不息地繁衍下去。就拿劳动分工来说，从本质上讲，劳动分工意味着文明和进步。通过劳动，人类生产出各种用以进攻和防御的工具，也帮助人类获取一切所需之物。只有在学会劳动分工之后，人才会懂得如何保护自己。试想，生孩子是一件多么艰难的事！要照料好新生儿，要让他健健康康地长大，这得花费多少心血！而只有分工合作，才能为新生儿提供精心细致的呵护和照料。再想想看，人类的血肉之躯是多么脆弱，承受着多少病痛和缺陷，尤其是在婴儿期。想到这一切，你大概就能明白人类是多么需要同伴的照顾和保护，以及社会生活对人类来说是多么重要了。可以说，社会生活是人类繁衍生息的最佳保障！

3.安全与适应

　　综上，我们得出如下结论：从自然界的角度来看，人类只能算是一种低等生物，因而人的意识中总是萦绕着自卑感和不安全感。在自卑感和不安全感的刺激下，人无时无刻不在思考如何开发出一种能让自己更好地适应大自然，将生命中的不利因素剔除或将不利因素的影响减至最低的方法和技能。就这样，为了提高适应能力，增强安全感，心灵便出现了。人类提高适应能力的方法有很多，比如在身体上长出坚角、利爪或利齿等防御性器官。不过，这样做很难使人类脱离原始的半人半兽状态。因此，心灵的出现能够有效解决问题，从而弥补人类身体不够强大的缺憾。人内心深处涌动着的不满足感让人逐渐拥有预见和防患于未然的能力，并使人的心灵发展成会思考、会感知、会行动的精神器官。既然社会生活在人类的发展过程中起着根本性的作用，那么精神生活从一开始就必须认可社会生活的重要性。可以说，心灵的所有机能都是在社会生活规律的基础上发展起来的。

顺着这个逻辑，可以说社会生活本质上是人类所必需的，是普遍适用于人类的。进而，我们需要探讨下一个问题，那就是人类心灵的发展。只有普遍适用的规律才是符合逻辑的。社会生活的另一个基础在于人类可以使用语言，这也是人类和其他动物的根本区别，是自然界的奇迹。显而易见，语言就是为了人们适应社会生活而产生的，根植于社会生活，因而也具有普遍适用性。**离群索居的生物根本不需要语言，因为语言只有在社会生活中才有存在的理由，它是社会生活的产物，是社会成员之间的联系组带。**有一些人的存在就能证明上述论断的正确性。这些人在生活中极少，甚至根本不和其他人接触。他们有的是出于个人原因而试图避开与社会的所有联系，有的则是环境所迫。但不论何种原因，这些人在语言表达方面都有一定程度的缺陷或障碍，学习外语的时候也显得非常吃力。可见，只有在和他人保持联系、互相交流的过程中，语言才有可能产生并保留下来。

在人类心灵的发展过程中，语言占据着举足轻重的地位。语言是逻辑思维的前提，只有借助语言，我们才能建立概念并理解价值观之间的差异；而概念的形成并不以个人意志为转移，它必然会涉及整个人类社会。也就是说，只有具备普遍适用性，我们的思想和情感才会为他人所理解。比如，我们看到美好的事物会感到欣喜愉悦，这是因为人类在美的认知、理解以及感受等方面已经达成某种共识。由此可见，思维和概念像理性、知性、逻辑、伦理与审美一样，起源于人类的社会生活，同时又充当了纽带，将那些不想让人类文明瓦解崩溃的社会成员联结起来。

　　欲望与愿望也同样可以理解为人在作为个体时的不同表现。愿望是一种心理倾向，旨在满足一个人内心的欠缺，帮助其获得内心的满足。有"愿望"，意味着心有所向，且采取了行动。每个自发的举动都起源于内心的欠缺，都是为了获得心灵的满足，让心灵惬意、圆满。

4. 社会感①

讲到这里，可以得出这样一个结论：任何一项有助于确保人类生存的规则，如律法、图腾、禁忌、信仰和教育等，都必须受社会生活的制约，必须合乎社会生活规范。前文我们曾以宗教为例探讨过这一观点，并且得出了同样的结论，即无论是从个人的角度来看，还是从社会的角度来看，适应社会生活都是心灵最重要的一项任务。我们通常所说的公正与正直，以及我们视之为人类性格中最有价值的那些品质，实质上都是为了满足人类社会所需。社会生活的种种需求塑造了人类的心灵，指引着心灵的一切活动。诸如责任感、忠诚、坦率、热爱真理等美德之所以能够形成并保留下来，正是因为它们全都符合社会生活的普遍适用原

---

① 本书中的"社会感"隐含了人类团结的意思，指在宇宙中人与人的相互联系。不管本书中的"社会感"在何种语境下使用，读者都要时刻记住这个词还隐含着"人类社会中的伙伴情谊"的意思。——原注

则。可见，某种性格是好是坏，只能从社会的角度来判定。一个人的性格与其在科学、政治或艺术领域的所有成就一样，只有在证明其具有普遍意义后才会引起人们的注意。衡量一个人好坏的标准，就是看他具有多大的社会价值。在评价一个人的时候，人们一般会用一个理想化的标准形象去衡量他。这个理想化的形象需要满足一些要求，他要能够以对全社会有利的方式来克服自己所面临的各种困难，并将自己的社会感发挥到一定的高度。用福特缪勒（Furtmüller）的话来说，这个人应该是一个"遵循社会法则玩转人生的人"。在后面的论述中，我们将会越来越深刻地认识到，假如一个人不好好维护自己和他人的伙伴关系，不好好学习作为人类社会成员所应该拥有的技能，那他就不可能成长为一个合格的人。

第三章

儿童与社会

社会要求我们必须承担一定的责任，这些责任不仅会影响我们的生活准则和生活方式，还会影响我们的心智发展。社会最天然的本质是，人类是由两性构成的，这是社会的一项自然生理特征。这也说明，个人与社会必然会有交叉。也就是说，夫妻必须共同生活在社会中，才能满足生命的冲动，获得安全感，感受到幸福，而这一切对彼此孤立的男女来说是不可能实现的。通过观察不难发现，儿童的成长是一个缓慢渐进的过程。因此，社会的保护对人类生长来说是必不可少的。生活把各种各样的责任摆在人类面前，因而劳动分工便成了必然趋势；而劳动分工并不会使人疏离，反倒会加强人与人之间的联系。

　　每个人都应该帮助周围的人，应该和自己的同类相互依存。人与人之间的亲密关系就是这样建立起来的。下面我们来详细地讨论一下婴儿出生后需要面临和处理哪些关系。

1. 婴儿所处的环境

儿童的成长依赖于社会的帮助，不过，他们会发现自己面对着这样一个世界：不仅给予，也会索取；不仅能满足人的生命需要，也会要求人去适应社会。儿童在发展自身能力的过程中必然会遇到各种各样的障碍，从而感到沮丧，甚至痛苦万分。此外，儿童从很小的时候起就知道"人上有人"，因为他们发现周围还有许多人更能达成自己的愿望，更能应对生活的挑战。儿童在面临这种种境遇时，他们的心灵也渐渐形成了。这些境遇要求他们有一个综合器官，这个器官的功能就是使正常的生活成为可能。心灵所背负的使命就是评估生命体所处的各种环境，同时指引生命体进入另一个环境。心灵所遵循的原则就是以最低的消耗赢得最大的满足。因此，当一个孩子看到有人能轻松打开一扇门、搬动重物毫不费力时，他便会高估体型和身高的作用。当他看到有人在威风凛凛地发号施令，让别人俯首听命的时候，他便会羡慕不已，从而高估这种权力的作用。于是，他的内心深处便会不由自主地滋生出一种愿望，要长大，要变得和别人一样强甚至比别人更强。支配他人、掌控自己所处的环境便会成为他的主要人生目标。同时他也发现，身边的成年人虽然看着高高在上，但实际上都是为了照顾弱小的自己。因此，儿童会采取的行为倾向有两种：一种是模仿身边大人的行为和方式；另一种是尽量表现出自己的弱小，让大人觉得自己非常需要帮助，从而对自己照顾有加。每种行为都有其意义，要结合环境去判断。而这两种方式分别代表了两种不同的心理倾向和性格类型。

　　一个人的性格在出生后的几年内就已经逐渐形成。在幼年时期，有些孩子的发展方向是获得力量，习得技能，并希望他人能认可自己的勇敢；另一些孩子则千方百计地展示自己的弱小，期许获得别人的关怀和帮助。因此，只要追溯一个孩子的幼年时期，看看他在那个时候有什么样的态度、表现和举止，就可以知道他属于哪种性格类型。要想真正理解某种性格类型，那就必须知道这种性格类型是在什么样的环境中形成的。在任何一个孩子身上，我们都能看到环境对他所造成的影响。

　　孩子都是有可塑性的，因为每个孩子都会努力弥补自身的弱点。正是由于能力方面存在不足，人们才会努力激发自己身上的各种天赋和潜能。鉴于每个孩子所处的生活环境迥然不同，我们主要探讨对孩子不友好的那些环境。处于这些环境下，一个孩子往往会觉得周围世界对自己充满敌意。他之所以会有这种印象，主要在于他的思想和洞察力尚未成熟。假如他在以后的成长过程中，所受的教育没能帮他纠正这种错误认知，那他的心灵就会依循这样的印象快速发展，进而他便真的认为周围世界对自己充满威胁。一旦他在人生中遇到艰难险阻，这种植根在心中的对世界的敌意可能会进一步加深。在那些身体有缺陷的儿童身上，这一表现尤为明显，因为他们和那些身体健全的儿童面对的生活环境全然不同。他们的身体缺陷可能表现为行动困难或某个器官机能不全，也可能表现为身体的整体抵抗力较弱，很容易生病。

不过，身体缺陷并不是造成儿童难以正视现实世界的唯一原因。不正常的环境会对儿童提出不合理的要求，或者会以不恰当的方式对儿童提出要求，这和让儿童遭遇身体缺陷而承受痛苦没什么两样。每个孩子都希望能适应环境，但在这个过程中，他们会忽然发现前方困难重重。更艰难的是，如果孩子生活的环境本身就缺乏勇气，弥漫着悲观情绪，那他们就会迅速沾染上这些负面情绪。

2. 困难的影响

儿童经常会遇到这样或那样的麻烦，导致他们无法每次都做出正确的反应。其实儿童一般没有足够的时间培养自己的心理习惯，而且当他们的适应能力还不够完善的时候，就需要去适应许许多多难以改变的现实状况。其实，我们只要深刻反思一下自己对环境做出的种种错误反应便会发现，我们的心灵自始至终都在坚持进行新的尝试，力求找到正确的答案、做出正确的反应并不断取得进步。在观察儿童行为的时候，需要特别注意他们在发育过程中处于某一特定境况会做出什么样的反应，因为我们可以依据他们此时此刻的反应和态度来理解他们的内心世界。当然，在研究的过程中，我们一定要牢记这样一个事实：不管是评价个人还是评价社会，都不能墨守成规，而是要根据具体情况具体评判。

如果儿童在心灵发展过程中遇到困难，其社会感的发展往往也会受阻或变形。有些困难可能是由儿童所处的外部环境造成的，如经济、社会、种族或家庭环境中的不正常关系；有些困难则是儿童自身的问题，如身体器官方面的缺陷。人类文明延续的基本前提就是人要有完整、健康并发育充分的身体。由此可见，身体器官有缺陷的儿童在处理人生问题的时候肯定会处于劣势地位。儿童的身体缺陷可能体现为：学会讲话和走路比较晚，运动能力欠缺，或者因为脑部发育比普通人缓慢而在很长一段时间里显得笨手笨脚。众所周知，这样的儿童时常会弄伤自己，他们动作不够灵活、反应迟缓，无论在身体上还是精神上都承受着极大的痛苦。这个世界似乎不是为他们而造的，所以他们很难从中得到温柔的对待，相反，身体方面的缺陷导致他们的成长处处受阻。当然，假如儿童没有因为精神上的痛苦而对未来的生活感到绝望，那么随着时间的流逝，他们就有可能得到一定的心理补偿，从而彻底抚平心灵的创伤。不过，假如儿童身体有缺陷，家境又贫寒，那结果就很难说了。所以不难理解，有身体缺陷的儿童肯定很难认同人类社会的既定法则。当机会来临的时候，他们会犹豫不决，疑心重重。他们性格孤僻，独来独往，并且习惯于逃避责任。他们对生活中的敌意极度敏感，而且总是下意识地夸大这种敌意。他们更关注生命中悲惨的一面，甚少关注光明的一面。总的来说，他们把坏的想得太坏，好的又想得太好，以至于他们一生战战兢兢、患得患失。他们觉得自己应该得到别人更多的关注，但他们却只顾自己而不愿意为别人着想。他们往往将人生责任视为棘手的难题，而不是激励自己前行的动力。因为他们对他人抱有敌意，所以他们与周围环境之间存在着一道日益加深的鸿沟。如此一来，他们在处理每一件事情的时候都显得谨小慎微、犹豫不决。与人接触得越多，他们离真理和现实世界就越远。结果，他们只是在不断为自己增添困难和烦恼。

假如父母没能给孩子充分的温情和关爱，那么孩子就很有可能陷入类似的困境。如果一个孩子遭遇这种情况，其成长便会大受影响。他会越来越固执，最后变得既不懂得爱为何物也不懂得如何去爱，因为爱的本能在他身上从来未得到开发。换句话说，假如一个孩子成长在缺乏爱意和温情的家庭中，他就不会轻易展现自己的爱意和温情，因为他的人生态度就是逃避一切爱与温情。此外，有些父母、老师或其他大人在教育儿童的时候欠缺考虑，给儿童灌输一些有害的观点，认为爱与温情不合礼数、荒谬可笑、矫揉造作。生活中这样教育孩子的人大有人在。尤其是那些展现爱与温情却遭人讥讽的孩子，他们害怕自己的情绪或感情流露出来，因为他们觉得对他人表露爱意的行为荒唐可笑。他们抗拒正常的温情，就好像温情是一种奴役，是一种羞耻。就这样，他们的人生在幼儿时期就已经出现重重障碍。这种野蛮的教育压抑和诋毁一切温情，导致儿童容易养成畏缩逃避的性格。他们会逐渐脱离自己的生活圈子，失去与外界的联系，而与外界的联系对他们的心灵发展至关重要。有时候，一个孩子可能会迎来某个人的主动示好，于是他很快就和这个人结为要好的朋友。这可以说明为什么有的人在长大成人以后只能和一个人保持友好关系，却无法与其他人保持同样的关系。前面提到的那个男孩就是这样一个例子：当他看到母亲只对弟弟好的时候就觉得母亲把自己遗忘了，因而一直在试图找回幼年时失去的温暖和关爱。他的经历充分显示了这类人在人生中可能会遇到的困难。不用说，这样的人所接受的是会造成巨大压力的教育。

当然，温情泛滥的教育跟毫无温情的教育一样有害。如果孩子被溺爱，那就会和无人疼爱的孩子一样遇到许多困难。如果一个孩子从小就一直受宠，那么他对温情的渴望会强烈到没有边界的地步。他往往会对某个人或某些人过度依恋，不愿意和他们分开。过度强调温情的价值是有害的，因为这可能会使儿童误以为可以用爱来迫使大人为他们承担某些责任。儿童要迫使大人为自己做事不难，只要对父母这样说就行了："因为我爱你们，所以你们必须为我做一切事情。"这种情况在一般家庭里经常出现，以至于这已经成为一条社会认可的教条。儿童一旦发现别人对自己的爱，便会主动表现出更多的温情，目的不过是让成年人对他们更加体贴依从。不过，倘若他们只对某个家庭成员表现得特别依恋，那就应该多加注意了。毫无疑问，温情泛滥的教育会对一个孩子的未来发展造成诸多问题。在漫长的人生中，他肯定会想方设法甚至不择手段地获取他人的温情。为达目的，他会用尽一切手段，比如压制他的竞争对手（如兄弟姐妹），或者靠搬弄是非来打击对手。他有可能怂恿兄弟姐妹去干坏事，这样他在别人眼里既光彩照人又品行端正，就能独自沐浴在父母的爱的阳光下。此外，为了吸引父母的关注，他会给父母施加一定的压力，并千方百计地成为公众注意的中心，直到他觉得自己比别人都更重要。他要么为人懒惰，常做坏事，好让父母更多地围着他转；要么做一个模范儿童，因为他渴望得到别人的注意。对他来说，别人关注的目光就是一种无形的奖励。

讨论完上述作用机制后，我们可以得出这样一个结论：精神活动的模式一旦确定，任何东西都可能成为儿童实现目标的手段。为了达到自己的目的，儿童可能会步入歧途，也可能会成为模范儿童。大家或许经常会看到这样的现象：有些孩子总想靠调皮捣蛋来吸引众人的眼球，另一些聪明的孩子则会通过良好的表现来达到同样的目的。

对于备受宠爱的儿童，别人已经帮他们清除成长道路上的障碍，然而，因为他们所处的环境太好，他们自身的能力就不可避免地受到限制。他们本该为自己未来的生活做好准备，但他们连做这种准备的机会都没有。即使有人乐意接近他们，他们也不懂得如何与之保持联系。在遇到那些在成长过程中出现问题而不擅长处理人际关系的人时，他们就更不可能与之交往了。由于从来没有练习过如何克服困难，他们面对现实人生的时候，几乎没什么经验。于是，只要一踏出家庭这个"温室"和"小小王国"，他们就不可避免地要遭遇挫折，因为在"温室"之外没有人能像宠爱他们的人那样乐于为他们承担一切责任，这让习惯了"温室"的他们很难在短时间内适应。"温室"外哪还有人像他们的父母那样乐于为他们东奔西忙、承担责任呢？因而，他们必然感到极为不自在。

接下来要讲的这类现象都有一个共同点，那就是儿童会形成不同程度的孤僻性格。肠胃系统有缺陷的儿童通常会特别注意营养问题，这样一来，他们的成长轨迹相较于肠胃功能正常的儿童就会截然不同。身体器官有缺陷的儿童通常有独特的生活方式，而这最终有可能导致他们变得性格孤僻、离群索居。还有一些儿童不清楚自己与环境之间的联系，甚至还想方设法地要回避这种联系。他们找不到同伴，玩的游戏跟其他小孩全然不同。他们要么对同伴羡慕不已，要么对同龄人的游戏不屑一顾，一个人待在屋里自己与自己玩耍。过于严厉的教育也可能导致儿童变得自我封闭。生活对他们而言从来不是和风细雨，因为他们总是觉得自己在别人眼里一文不值。他们要么觉得自己不得不承受一切苦难，对一切悲苦逆来顺受；要么觉得自己是个斗士，时刻准备着投入与敌对环境的恶战中。总之在他们看来，生命永远是沉重的，人生永远是艰难的。不难理解，他们会为了和别人划清界限而疲于奔命，从而保护自己的人格不受侵犯。可想而知，在他们的眼里，外部世界从来都不是友好的。这势必会让他们谨小慎微，背上沉重的思想负担。于是，每当遇到比较棘手的问题时，他们总是倾向于逃避，不愿意正视困难，更不想面对可能会出现的失败。

这些备受宠爱的儿童还有一个共同特征是，他们更多为自己考虑，而非为他人。从他们的这些特征中，我们不但可以看出他们的社会感发展得并不充分，而且还可以看出他们已经形成比较悲观的世界观。除非他们想办法纠正自己错误的行为模式，否则很难拥有幸福的人生。

3. 人的社会属性

前面我们详细讨论了如何通过观察一个人所处的特定环境来了解他的人格，并判断他在这个世界上所处的境况。我们所说的境况不仅仅是指他在宇宙中的地位，还包括他对周围环境和人生问题的态度，如职业、社会交往和人际关系等，这些都是人性中固有的东西。由此我们可以看出，从出生的那一刻开始，个人从外部世界得到的印象将会对他的人生态度产生强烈的、不可磨灭的影响。在婴儿出生后的头几个月里，其对待人生的态度就会确定下来。从那以后，所有婴儿的行为都会各有不同，我们不会把某一个婴儿与其他婴儿混淆，因为他已经表现出意义明确的行为模式。这种行为模式随着他的成长会越来越明晰，并且不大可能发生实质性的改变。在成长过程中，儿童的精神活动会越来越多地受到社会关系的影响。**社会感是与生俱来的，引领着儿童努力向成年人靠拢，最早表现为对温情的追求。**儿童的爱恋永远是指向他人的，而不是像弗洛伊德所说的指向自己的身体。根据弗洛伊德的观点，这类性冲动的强度和表现方式会随着年龄的增长而发生变化。若是两岁以上的儿童，他们的性冲动可能主要通过言语表现出来。社会感根植于每个儿童的心灵深处，只有当儿童的精神机能出现严重退化时，他们才会失去社会感，否则，社会感将会伴随他们的一生。在某些情况下，社会感可能会发生变化，产生歪曲或者受到限制；而在另一些情况下，社会感可能会扩大拓宽，不仅是扩展到家庭成员，还会扩展到整个家族、国家乃至全人类，甚至还可能超出这些范围，扩展到动物、植物、无生命的物质乃至整个宇宙。总之，我们的研究所得出的一个关键结论就是，人天生具有社会属性。一旦掌握这点，我们就找到了打开通往理解人类行为大门的钥匙。

第四章

我们生活的世界

洞 察 人 性

UNDERSTANDING
HUMAN
NATURE

1. 世界的构成

为了适应周围环境，人类的心理机制具备从外部世界汲取影响的能力。此外，心理机制还会根据对周围环境的理解，遵循人幼年时期就逐渐形成的某种理想化的行为模式，追求某个明确的目标。尽管我们至今尚未找到一个明确且恰当的术语来表达心灵的这些表现，但它确实以某种微妙的方式持续存在，而且其存在的目的都是对抗自卑感。可以说，人只有在心灵有了目标之后才会产生精神活动。众所周知，只有确立目标后，才会有应付变化和自由行动的能力。自由行动必然会丰富内心世界，其作用不容低估。当婴儿第一次站立起来的时候，他就踏入了一个全新的世界，而就在那一瞬间，他也会莫名地感觉到周围世界弥漫着敌意。在刚开始蹒跚学步的时候，婴儿要经历多种多样的困难，这些困难可能增强他对未来的信心，也可能给他带来毁灭性的打击。有些事情在成年人的眼里或许司空见惯、微不足道，却可能对儿童的心灵产生巨大的影响，并会从各个方面影响他们对自己所处世界的整体印象。比如，曾经有过运动障碍的儿童可能会憧憬剧烈而快速的运动。只要我们问一个孩子最喜欢玩的游戏是什么，或者长大以后想干什么，就很容易发现这种憧憬。往往他会回答，自己渴望成为汽车司机、火车司机等。这充分表明了他想克服那些妨碍自己自由行动的障碍，他的人生目标就是用完美的自由行动彻底扫除内心深处的自卑感和受挫感。那些发育迟缓或体弱多病的儿童的内心深处常常都存在这些感觉。同样的道理，如果一个孩子生来眼睛就有某种缺陷，那么他会更想以不同的视角去理解世界，去感受更强烈的色彩。而倘若一个孩子的听觉有缺陷，那么他很可能就会沉迷于某些令人愉悦的音调，简而言之，他很可能会成为"音乐爱好者"。

当儿童试图拓展自己对世界的理解时，他们会调动身体的所有器官，其中最重要的便是感觉器官，可以说感觉器官决定了儿童与世界的基本关系。人的世界观是通过感觉器官形成的，其中最重要的便是眼睛，因为我们用眼睛来观察世界，只要我们睁开双眼，我们的注意力便不由自主地为眼前的一切所吸引。视觉印象会成为我们人生经验的主要来源。我们对周围世界的视觉印象具有无可比拟的重要性，因为视觉印象一般都比较深刻持久。眼睛不像耳、鼻、舌、皮肤等感觉器官那样，只能感受瞬间或短暂的刺激。但也有一些人占主导地位的感觉器官是耳朵，他们主要通过听觉来获取信息。在这种情况下，思维可以说是听觉型的。还有一些人主要的感觉器官是他们的运动神经，但并不常见。此外，那些对嗅觉和味觉的刺激更为敏感的人中，对气味更为敏感的人在我们的文明中处于相对弱势的地位。还有不少儿童的肌肉系统扮演着主要角色。这些儿童天生精力充沛，在孩提时期活泼好动，成年以后则更加活跃。最能吸引这些人的，莫过于那些需要使用运动肌肉的活动。他们甚至在睡觉时都很活跃，从他们在床上翻来覆去的样子就能看出来。那些让警察"坐立不安"的儿童就属于这一类型，他们的躁动不安常被看作不良的习惯。通常，儿童都是通过强化某一器官或器官系统（无论是感觉器官还是运动器官）来接触世界的，否则他们几乎不可能生存下去。儿童会运用自己比较敏感的器官获得对外部世界的印象，再根据这些印象形成对世界的整体认识。由此可知，要理解一个人，只需要知道这个人主要是用什么器官或器官系统来接触世界的，因为他和外界的所有关联都受到这个器官的影响。如果我们能知道一个人的身体缺陷在他还小的时候对他的世界观造成的影响，我们就能理解这个人的行动和反应意味着什么，也能知道这些影响在他的未来发展中扮演什么角色。

2. 获得感知世界的能力

每个人在自己的一生中，都会有一个终极目标，这个目标不但决定了我们的一切行为，还影响着我们会调用心理机能，以及它活动的方式和强度，从而塑造我们对这个世界的认知。这也解释了为什么我们每个人所体验到的可能都只是我们一生所经历的事情中或者我们所生活的世界中的一个非常具体的部分。

人们所关注的，不外乎是那些与自己的目标息息相关的事情。所以，如果我们无法透彻了解一个人内心深处的目标，就不可能真正理解他的行为；如果我们不懂得他的一举一动都深受这个目标的影响，就不可能对他的行为做出全面而公允的评价。

（1）知觉

外部世界的印象和刺激会通过感觉器官传送至大脑，并在大脑中留下一些痕迹。想象和记忆的世界就是建立在这些痕迹的基础之上的。但我们不能将知觉与照片相提并论，因为它与感知者独特的个人品质密切相关。一个人所感知到的东西并非他所看到的一切。即使两个人面对同样的景色，他们的反应也不会完全相同。如果问他们看到景色后有何感想，他们给出的答案也许截然不同。一个孩子能够从周围环境中感知到的东西，必然会契合他本人早已成型的行为模式。有些儿童视觉能力发展得比较好，那么他们的感知必然带有显著的视觉特征。一般说来，大多数人的思维可能都属于视觉型，但也有些人主要通过听觉来让自己感知世界的图景。知觉不一定要与现实完全吻合，毕竟每个人都能重新调整自己与外部世界建立联系的方式，使之符合自己的生活模式。**一个人的个体性和独特性就在于他感知到了什么以及如何去感知。总之，知觉不仅是一种简单的生理现象，还是一种精神功能**。通过观察分析这种功能，我们可以非常深入地了解一个人的内心世界。

（2）记忆

有了感知之后，心灵还必须进行一系列活动。心灵的活动与人的行动有内在关联，心灵是按照行动的目标和意图来开展各种活动的。也就是说，人的心灵必须将来自外部环境的种种刺激和信息收集起来并加以整理，因为心灵扮演着调节器的角色。人还必须发展自己心灵的各项机能，从而保护自己，让自己在世界中持续存活下去。

人为什么记住了某些事而忘记了另一些事？弄明白这一点非常重要。人之所以要记住一些事情，是因为这些事情对某种特定的心理倾向而言至关重要，能够推动某种潜在的重要运动。反之，假如一件事情对完成计划没有任何影响，那我们肯定不会记住。由此可见，记忆带有目的性，每段记忆都受那个引导整体人格的目标所支配。一段很久以前的记忆很可能已经不真实，比如儿时的记忆大都斑驳不清，有失客观；但**只要记忆一直保留在脑海中，有助于达到预期的目标，那么就不再只是单纯的记忆，而是会成为一种态度或情感基调，甚至会成为一种哲学观点。**

（3）想象

幻想和想象的内容能够非常清晰地体现一个人的独特性。此处的想象是指引发感知的对象不在场时，我们所产生的知觉再现。换言之，想象是复制出来的知觉，这又一次证明了心灵具有创造力。想象的产物不仅仅是知觉的再现（知觉本身就是心灵创造出来的产物），它也是一种建立在知觉基础上的全新而独特的产物，就如同知觉的产生是建立在身体感觉的基础上一样。

幻想在焦点的清晰度上远胜于一般的想象。幻想出来的图景有着极为鲜明的轮廓，它不但具备想象的价值，而且还会影响个体的行为，仿佛不在眼前的刺激物就在现场一样。当幻想就像一个真实的刺激物一样出现时，我们就可以将之称为"幻觉"。幻觉产生的条件与幻想式的白日梦形成的条件没有什么区别。每个幻觉都是灵魂的艺术创作，都脱胎于幻想者的某个目标和意图。这一点我们举个例子来说明。

有位聪慧年轻的姑娘不顾父母的反对结了婚，父母对此大发雷霆，以至于和她断绝了关系。日子一天天过去，她慢慢认为父母待她不好。

虽然父母试图与她重归于好，但由于双方的骄傲和固执，所做的努力都付之东流。这个姑娘出身于受人尊敬的富裕家庭，结婚后却陷入了异常穷困的窘境。但外人看来，她的婚姻生活并没有流露出任何不幸的迹象。要不是后来她的生活中出现了一个离奇的现象，人们还以为她早已经安贫若素了。

姑娘从小是父亲的掌上明珠，父女关系非常亲密。或许正因如此，他们后来的决裂才更为彻底。由于她的草率的婚姻，父亲变得对她很不好，彼此之间的裂痕极深。甚至在她的孩子出生时，父母都毫不动摇，没去探望她和孩子。于是，这个姑娘对父母的冷酷态度耿耿于怀。因为她是个心高气傲的人，在她最需要关心和照顾的时候，父母竟然如此冷酷无情，这无疑戳中了她心中最敏感的痛处。

需要注意的是，这个姑娘的情绪完全被她追求的目标支配，正是这个性格特征使我们得以清楚地知道她与双亲的决裂为何会对她产生如此深刻的影响。她的母亲是个刚正不阿的人，有许多优良品质，但对自己的女儿很严厉。她懂得如何才能做到既服从于她的丈夫（至少表面如此），同时又不会真正降低自己的身份。事实上，她自豪地展示自己对丈夫的恭顺，并将之视为一种荣耀。这家人还有一个儿子，性情和脾气非常像父亲，是未来继承家业的人选。如此一来，儿子在家中要比女儿更受重视，这必然激发了女儿强烈的追求欲望。这个姑娘自小受父母宠爱，养尊处优，但婚后却生活在艰难穷困之中。于是，她时常会想起父母对自己的亏待，并且不满与日俱增。

一天夜里，她在入睡前看到了幻象。她看到门开了，圣母玛利亚走到她床前对她说："我非常爱你，所以必须告诉你，你将在十二月中旬死去。我不想让你对此毫无准备。"

这个幻象并没有吓倒她，但她还是叫醒了丈夫，将来龙去脉告诉了他。第二天她去找医生，并告知了情况。这显然只是一个幻觉，但她坚持说自己当时看得真真切切，听得清清楚楚。乍一看，这似乎令人难以置信，但如果用我们的知识来分析一下，这一切就很好理解。实际情况是这样的：她是一个非常有野心的年轻姑娘，且据我们观察，她还喜欢控制别人。与父母断绝关系之后，她发现自己陷入了贫困。不难理解，一个竭力掌控生活的人，很有可能想靠近上帝并与其交谈。在祈祷中，圣母玛利亚就经常出现在人们的想象中，谁也不会觉得这件事有什么特别值得注意之处。但这个姑娘的情况还需要进一步讨论。

一旦我们明白心灵可能耍的花招，就能彻底揭开这件事的神秘面纱。类似的情况是，人们不都是要做梦吗？区别只在于，这个姑娘醒着的时候也能做梦。需要补充的是，她的抑郁情绪使她的野心处于巨大的压力下。现在我们知道，原来她想要一位母亲来到她身边。而且在大众心目中，这位母亲是所有母亲中最伟大的。这位最伟大的母亲和她自己的母亲之间必然会形成鲜明的对比。她的母亲没有出现，于是圣母便出现了。因此，这一幻觉其实是她对母亲的谴责，她在责备母亲不够爱她。

这个姑娘在想方设法地证明她父母做得不对。十二月中旬并非无足轻重的时间。每年的这个时候，人们都更易于想起关系比较近的亲属。大多数人会心情更好，彼此更亲近，并互赠礼物等。也正是在这个时候，重修旧好的可能性通常会更大。因此我们可以知道，她就是在这个特殊的时间发现了自己的窘境。

这个幻觉中唯一奇怪的地方似乎在于，圣母怀着友好的目的到来，却告诉这个姑娘她死期将至的坏消息。她在给丈夫讲述这件事时兴奋之情溢于言表，这个事实也很重要。圣母的预言很快从她家的小圈子传播了出去，第二天她就医时医生也知道了此事。结果，她母亲很快便来看望她了。

几天以后，圣母玛利亚再次出现在姑娘的幻觉中，并对她说了同样的话。当被问到与母亲会面的结果如何时，她回答说母亲不肯承认自己的错误。于是，我们看到她故技重施，因为她试图支配母亲，但未得到满足。

此时，在我们的努力下，女孩的父母了解了她的真实生活状况。于是，我们最终圆满地促成了一次父女双方的会面。当时场面感人，但这个姑娘仍不满意，她说父亲举止夸张，好像在作秀似的，还抱怨说父亲让她等得太久了。可见，即使获得了成功，她依旧不愿意放弃自己喜欢证明别人错误的习性，好像只有自己才是永远正确的胜利者。

综上所述，我们可以得出一个结论：**人在精神压力太大，害怕目标不可能实现的情况下，便容易产生幻觉。**毫无疑问，在比较落后的地区以及在遥远的过去，幻觉的影响力相当大。

众所周知，游记里有许多关于幻觉的描述，海市蜃楼就是一个极好的例子：旅行者在沙漠中迷了路，又饥又渴，且筋疲力尽，于是就看见了海市蜃楼。我们都知道，当生命面临危险时，我们就会产生紧张情绪，进而运用想象力为自己创造出一个清晰明朗、振奋人心的情境，以逃避环境所带来的不愉快和压力。因此，可以说海市蜃楼代表了一种新的情境，它能够使筋疲力尽的人受到鼓舞，能够让优柔寡断的人下定决心，还能够使旅行者更加坚强与敏锐。另一方面，它还是一味镇痛药或麻醉剂，能够使人忘却恐惧所带来的痛苦。

幻觉对人类来说算不上新鲜事物，因为人们早已在知觉、记忆机制以及想象中看到过类似现象。在讨论梦境时，我们还将分析与此相同的东西。强化想象力，并且消除高级神经中枢的判别功能，就很容易引发幻觉。在不得已或危险的情况下，例如在自身的力量受到威胁时，人们就会努力通过幻觉来排遣不安的情绪并克服自己的软弱感。压力越大，做出判断前的考虑就越少。在这样的境况中，以"全力自救"为座右铭的人会调动全部精神能量，将自己的想象转化成幻觉。

错觉和幻觉极为相似，二者唯一的区别在于前者同外部世界仍保持着某些联系，尽管这类联系是被曲解的，就像歌德的《魔王》中所描述的那样。错觉和幻觉的基本情境以及二者所带来的心理危机感是完全相同的。

下面再举一个例子，来说明在有需要的时候，心灵的创造力如何使人产生错觉或幻觉。有一男子，出身于富贵之家，但由于学业不佳最终未成大器，只当了一个名不见经传的小职员。他已经放弃出人头地的希望，背负着沉重的精神负担，常常感到绝望。此外，朋友的责备也加大了他的精神压力。在此情形下，他开始酗酒，而且很快沉迷其中，麻痹自己，给自己的失败找借口。不久，他因患上震颤性谵妄症（delirium tremens）进了医院。谵妄和幻觉非常相似，在酒精中毒引起的谵妄中，患者经常会看到老鼠、昆虫或蛇之类的小动物，与患者职业有关的某些幻觉也可能会出现。

这个男子的主治医生坚决反对他酗酒，并对他进行了严格的治疗，使他彻底戒了酒。病愈出院后，他有三年都滴酒不沾。最近他又因新的病情进了医院。他说他时常看见一个目光斜睨、嬉皮笑脸的人在一旁监视他工作。他现在是个钟点工。有一次他特别生气，因为那个人在嘲笑他，于是他抓起铁锹向对方扔去，想看看他究竟是人是鬼。结果那幽灵闪身躲开了，紧接着就扑了过来，狠狠地揍了他一顿。

关于这个病例，我们不能再说是幽灵作祟，因为这个幻影竟然可以对他拳脚相加。真相不言而喻：这个男子经常会产生幻觉，但这次他是把真人当作幻象。这清楚地表明，尽管他戒掉了酒瘾，但出院后却过得更差。他丢了工作，被赶出了家门，现在不得不靠做钟点工谋生，而这在他和朋友眼里又是最低贱的工作，结果，他的精神压力没有丝毫减轻。此外，尽管治疗使他成功地戒了酒，但他因为失去了酒的慰藉而变得更为不幸。之前酗酒时，他好歹还有个小职员的工作。当家里人指责他一事无成时，他还可以拿自己是个酒鬼来做借口。在他看来，这个借口总比承认自己连工作都保不住要光彩一些。病愈后他必须再次面对现实，而现实的压力与从前相比丝毫未曾减少。那么，假如他现在又失败了，就再也找不到什么东西来安慰自己了；以前他至少还可以把一切都归咎于酗酒，而现在则只能责怪自己了。

在这种精神危机中，幻觉再次出现了。他认为自己和从前没什么两样，仍旧以酒鬼的姿态来看待世界，并且非常明确地表示，自己的一生全部毁在了酗酒上，到如今已是铸成大错，无可挽回了。他不想再干这个既不体面又令人讨厌的挖地沟工作，但又不想主动放弃，而是希望能够以生病为理由放弃工作。上述幻觉持续了很长一段时间，随后他又进了医院。现在，他是这样安慰自己的：倘若不是酗酒毁了我的人生，我肯定能有所成就。这种幻觉可以使他一直保持很高的自我评价，而这对他来说要比保住工作重要得多。他所做的一切都是要让自己坚信，倘若不是因为时运不济，他一定能干出一番事业来。这让他一直自视甚高，认为其他人并不比他强，自己只不过是在前进道路上遇到的不可逾越的障碍比别人多罢了。他拼命想找到一个能安慰自己的借口，于是幻觉便出现了。那个嘲笑他的人不过是幻觉，而这个幻觉同时也让他保全了自己的自尊心。

3.幻想

幻想是心灵的另一种创造性机能。在我们前面所描述的各种现象中，均可以看到这一活动的踪迹。正如某些记忆能清晰地印在意识中，想象力能打造出奇异的上层结构一样，幻想和白日梦也是心灵创造性活动的一部分。构成幻想的重要因素是预见和预判。这也是所有生物必须具备的基本能力。幻想与人的运动能力密切相关，而且它实际上就是一种预见的方法。儿童和成年人的幻想，有时又被称作"白日梦"，总是与未来有关，其目标是以虚构的方式建起"空中楼阁"，然后当作现实活动的模板。有关儿童幻想方面的研究清楚地表明，对权力的追求在儿童的幻想中扮演着最主要的角色。儿童的白日梦中总是充斥着自己所追求的目标，他们的幻想大部分都是以"我长大以后"之类的话语来作为开场白。有许多成年人在生活中表现得像是没长大似的，那么对权力的追求也无疑会成为他们人生的重心。这再一次使我们注意到，只有确定了某个目标，心灵才能得以发展。在人类文明中，这个目标就是得到社会认同并力争出人头地。个体不会一直只追求平庸的目标，因为人类的社会生活始终需要人们不断地做出自我评价，这会激起人们追求优越并在竞争中获胜的强烈愿望。在儿童的幻想中，各种预见形式非常鲜明，并且几乎都是幻想者渴望得到力量的表现。

但是我们也不能一概而论，因为给幻想的程度或想象的范围设置界限是不可能的。我们之前所说的结论在大多数情形下是成立的，但也可能对某些情形并不适用。有些儿童会以挑衅的态度看待人生，其幻想能力往往会得到较高程度的发展。因为好斗，他们会小心谨慎，处处提防，始终生活在极大的压力下。有一些柔弱的儿童认为人生并不会尽如人意，他们也能发展出较为丰富的想象力并且容易沉溺于幻想。在某一个成长阶段，想象力可能会成为他们逃避现实人生的一种手段。有时候人们也可能滥用幻想，将之作为谴责现实的工具。在此情形下，幻想就会变成一种对权力的陶醉，个体可以凭借虚幻想象，使自己超脱于平庸生活之上。

跟追求权力一样，社会感也在幻想中扮演着重要角色。在儿童的幻想中，对权力的追求一般表现为在社会性事务中展示自己的力量。这一特征在某些幻想中表现得非常清楚，比如幻想自己是救世主、行侠仗义的骑士、征服邪恶势力或打败恶魔的英雄等。许多儿童经常会幻想自己不是现在的父母所生，而是另一个家庭的孩子，他们相信，有朝一日，他们的亲生父亲或者某个大人物会把他们接走。如果一个孩子的自卑感很强烈，且常常觉得自己孤苦伶仃，就很容易产生这种幻想。假如儿童难以引人注目，或者对家庭给予他们的关爱和温暖感到不满足，那么他们也特别容易产生这类幻想。有些儿童常常表现得像个大人，这种外在态度暴露了他们想成为重要人物的愿望。这种理想有时候几乎是以病态的方式表现出来的，比如：有些儿童为了使自己显得像个男人，只愿意戴硬挺的礼帽，或是到处捡别人丢的雪茄烟蒂来抽；或者有些女孩一心想变成男人，行为举止和穿着打扮都更像男孩。

有些儿童在外人看来毫无想象力，这肯定是不正确的。事实上，他们要么只是不爱表现自己，要么就是有其他什么原因使得他们不愿意将自己的幻想表露出来。或许还有一些儿童会通过压制自己的想象来获得一种权力感。由于必须努力适应现实，这些儿童通常认为幻想有失男子气概或是太过孩子气，因而不愿意陷入幻想中。甚至，这种对幻想的厌恶有时候会发展到极致，以至于他们表面上看起来似乎毫无想象力。

4. 关于梦

　　除了前面所描述的白日梦之外，我们还需要研究睡眠中所发生的重要而有意义的活动，即睡梦。人们常说，日有所思，夜有所梦。经验丰富的老一辈心理学家曾指出，从一个人的梦境中可以很容易看出他的性格。实际上，自人类历史发端以来，梦就在很大程度上成了人类思想的一部分。和做白日梦一样，人在睡梦中所关注的也是规划、设计未来生活，并将未来生活导向一个安全的目标。二者之间最明显的区别在于，白日梦相对来说比较容易理解，而睡梦则难得有人能解释清楚。睡梦难以理解并不令人奇怪，似乎是在有意无意地暗示我们：睡梦是多余而毫无意义的。我们姑且可以这样说，对于试图克服困难并保住自己未来地位的个体，他对权力的追求会在他的睡梦中得到体现。既然如此，睡梦当然就能够帮助我们理解一个人的心灵。

5. 共情

心灵不但能感知现实中实际存在的事物，而且还能预测将要发生的事。预知能力对任何可自由移动的生物来说都是一个重要的贡献，因为此类生物会不断面临调整和适应问题。我们将这种能力称为共情或共鸣（identification or empathy）。共情在人类身上发展得相当好，在精神生活的各个角落都可见其踪影。预知能力是共情存在的前提条件。假如我们被迫去预见、预判或预测在即将出现的某一特定情境中我们该采取什么行动，那我们就必须学会利用我们的思想、感觉和知觉之间的交互作用，对还没有发生的情境做出合理判断。重点在于事先要形成一个看法，这样我们就能判断是鼓足干劲去迎接新的情境，还是加倍小心地避开。

共情会出现在人们的交流过程中。假如在交流的过程中，我们无法设身处地认同对方，那就不可能理解对方。戏剧是共情的艺术表现形式。此外，当一个人注意到另一个人身处险境时，他会产生一股莫名的不安感，这也是共情的一种表现。这种共情可能非常强烈，以至于这个人不由自主地要做出防御动作，尽管他自己并没有什么危险。我们都知道，当有人摔碎杯子时，在场的其他人会摆出什么样的姿势。我们常常看到，在打保龄球时，某些打球的人会随着球的滚动路线而做出种种动作，就好像他们自己的动作能影响球的路线似的。同样，在足球比赛中，看台上的观众会在其喜爱的球队进攻时做出用力向前推进的动作，而在对方进攻时则会做出抵抗性的动作。还有一个常见的现象是，汽车上的乘客在感到有危险时，会下意识地做出踩刹车的动作。倘若有人在高楼上擦玻璃，从楼下经过的人大多会做出遮挡防护或退缩逃跑的动作。倘若演讲者乱了方寸，讲不下去，听众就会感到压抑、不自在。特别是在剧院里，我们不由自主地会把自己想象成演员，在心里暗暗地扮演各种角色。**这种在行动和感觉上觉得自己仿佛是别人的认同能力，源自我们与生俱来的社会感**。我们的生命在很大程度上依赖于这种社会感。实际上，这就是一种无边际感，反映出我们所在的整个世界是相互关联的，是作为一个人必然要具备的特征，能够使我们设身处地认同那些我们自身之外的事物。

正如人的社会感有程度差异，人的共情能力也存在程度差异，这甚至在儿童身上就能看到。有些儿童极为喜欢玩具娃娃，就好像这些娃娃是真人似的；而另一些儿童则对自己的内心世界更感兴趣。如果舍弃人与人之间的社会关系，只关注那些没什么价值或无生命的事物，个体的发展就可能彻底停滞。只要不是完全缺乏社会感，能够设身处地认同其他生物，那么儿童虐待动物的事件就不可能发生。社会感和共情能力的缺失会导致儿童在发展与他人的关系时，只关注那些价值极小或没意义的东西。他们只考虑自己，对他人的喜怒哀乐则毫无兴趣。如果一个人不能认同他人，就很可能会彻底拒绝与他人合作，这种影响非常深远。

6. 催眠与暗示

　　一个人何以能影响另一个人的行为呢？个体心理学对这个问题的回答是，这种现象是伴随着精神生活而产生的一种表现。人与人之间必然能相互影响，否则人类的公共生活就无从谈起。这种相互影响在某些情形中尤为突出，比如老师和学生、父母和孩子、丈夫和妻子之间的关系即是如此。在社会感的影响下，人在一定程度上都愿意接受来自周围环境的影响。这种接受影响的自愿程度取决于施加影响者对受影响者权利的考虑程度。一个人如果是在伤害他人，那他对他人所施加的影响就不可能持久。要想最大程度地影响某一个人，就必须使他感觉到自己的权利有所保障。这是教育学中一个非常重要的观点。教育的方式也许有很多种，但采用上述观点的教育方式一定可以与人最原始的本能，即感觉到自己与他人、与宇宙之间有着千丝万缕的联系相契合。

　　这种教育方式会一直有效，除非遇到刻意要远离社会影响的人。

如果一个人试图远离社会影响，这并非偶然之间发生的，在此之前他一定有过一番长久的挣扎。在挣扎过程中，他与周围环境的联系一点点地消失，直到最后他终于公然站在了社会感的对立面。这时，对他施加任何一种形式的影响都会变得极为困难，甚至根本不可能。因此我们会看到这样一个戏剧性场面，即他对任何想要影响他的尝试都予以抗拒和反击。

如果儿童觉得自己受周围环境压制，那他们就会对教育者施加给他们的影响产生抗拒情绪。然而，外部压力有时候是如此强大，可以扫除所有的障碍。在这种情况下，权威的影响会持续，人们会继续服从权威。我们可以毫不费力地证明，这种服从对社会毫无益处，有时候还会显得非常荒诞，令服从者无法适应生活。换句话说，这些服从者习惯了无条件盲从，因而一旦离开别人的指挥，便无法行动，也无法思考。儿童的盲从会造成极为严重的后果，其危险性在于，他们在长大成人之后，往往会轻易听命于一个人，甚至让他们去犯罪的命令也会听从。

在犯罪团伙中可以看到一些很有意思的例子。那些执行犯罪计划和命令的人就属于盲从的人，而团伙头目通常远离作案现场，只藏在幕后发号施令。几乎在所有重大的团伙犯罪案件中，都会有这类唯命是从的爪牙。这种影响深远的盲目服从有时候会发展到令人不可思议的地步：有些人甚至对自己的俯首帖耳、卑躬屈膝引以为荣，认为这是实现自己愿望的必经之路。

如果我们仔细研究日常生活中人们的相互影响，就会发现最容易受社会影响的是那些通情达理的人，他们的社会感也很少受到歪曲。相反，那些渴望高高在上、渴望支配他人的人却很难接受社会影响。类似现象非常普遍，生活中每天都可以看到。

很少有父母会因孩子的盲目服从而抱怨，他们抱怨最多的是孩子不听话，不顺从。研究表明，很难接受社会影响的这类儿童被禁锢在一个要求他们胜过其他人的环境中，他们拼命想冲破这道限制人生的围墙。由于在家里受到了如此不正确的对待，学校教育的影响很难在他们身上起作用。

一个人对权力的渴望越强烈，其对教育的接受程度就越低。尽管如此，绝大多数家庭教育注重的仍然是鞭策孩子树立远大抱负，唤醒其内心深处的豪情壮志。这样做并不是因为父母欠考虑，而是因为我们整个文明中都充斥着这种奋争向上的虚妄精神。可以说，在家里也好，在社会上也好，最受重视的都是那些比周围所有人更优秀、更好、更耀眼的人。在后面关于虚荣的章节中，我们还会进一步论述这种激励野心的教育方式是如何背离社会生活的，以及心智的发展是如何被野心所造成的种种困难阻碍的。

一个人无条件服从的结果是，周围一有风吹草动，他就深受影响。想象一下，在短时间内服从任何一个人的所有奇异念头，这会是怎样的一种情景！催眠术就建立在与此类似的基础上。有些人也许会说自己愿意被催眠，但他们实际上却有可能缺乏对绝对服从的精神准备。还有一种人也许会有意识地抗拒催眠，但内心其实深藏着顺从的天性。在催眠状态下，被催眠者的心理态度是决定其行为的唯一因素，至于他所说的或所相信的是什么，倒不怎么重要。由于在这一点上缺乏清晰的认识，人们对催眠术产生了许多误解。在催眠状态下，被催眠者往往看上去好像是在抗拒催眠，但实际上却渴望服从催眠者的命令。这种服从命令的渴望程度因人而异，因此催眠的结果也有所不同。可见，对催眠的服从程度绝对不是由催眠者的意志来决定的，而是完全取决于被催眠者的心理态度。

从本质上讲，催眠与睡眠十分相似。催眠之所以神秘，只是因为这种睡眠是在另一个人的指示下发生的。只有在一个人甘心服从的情况下，催眠者发出的指令才能起作用，其中的决定性因素通常是被催眠者的天性和性格。只有愿意听从别人命令而不使用自身批判能力的人，才能够进入被催眠状态。由此可见，催眠之所以不同于一般的睡眠，是因为它彻底将被催眠者的运动机能排除在外，甚至被催眠者的运动中枢都受催眠者任意支配。在催眠过程中，被催眠者处于一种朦胧的轻度睡眠状态，他们所想起的只是催眠者让他们回忆的那些事。催眠最重要的一个特点是，批判能力在催眠过程中完全处于瘫痪状态（批判能力是心灵最精细的产物）。可以说，被催眠者变成了催眠者的一只手，一个听命于催眠者的附属器官。

有些人能影响他人的行为，而他们大多都把这项能力归因于自己特有的某种神秘力量。这可能造成巨大的危害，尤其是懂得通灵术和催眠术的人可能会开展一些有害的活动。这些人对人类犯下滔天大罪，为了达到其险恶目的，甚至不惜采取任何手段。当然，这并不是说他们所做的一切都是以欺骗为目的。不幸的是，人是一种非常易于服从的动物，所以在某些摆出一副拥有特异功能样子的人面前，就很容易成为牺牲品。有太多的人已经习惯于不经思索便认可所谓权威，他们宁愿受别人的愚弄蒙骗，宁愿被别人的虚张声势给唬住，也不愿意理性地审视一番。想要通过这种以某种神秘力量来蒙蔽人的行为，给人类的社会生活带来和谐的秩序是绝对不可能的。这些行为只会反复受到受骗者的反抗。会通灵术或催眠术的人不可能一直如其所愿地耍他们的把戏，他们经常会遇到反过来设计、愚弄他们一番的被催眠者。有时候那些试图在某个人身上施行催眠术的科学家也会碰到这样的事。

另外还有一种真假交织的奇异现象，即被催眠者可以说是个被骗的行骗者，他们在某种程度上欺骗了催眠者，但同时又服从对方的意志。这时，明显起作用的绝非催眠者的力量，而往往是被催眠者愿意服从的心态。可见，除非催眠者善于虚张声势、招摇撞骗，否则根本没有什么神奇的力量能够影响被催眠者。任何习惯于理性生活的人，任何善于自己拿主意的人，任何会自己判断而不轻信他人的人，都不可能被催眠，也绝不会受通灵术的蛊惑。催眠和通灵术只对那些无条件盲从的人起作用。

在此我们必须仔细审视暗示这个问题。只要将其归入观感和刺激之列，暗示就容易理解了。不言而喻，人并不是偶尔才会受到环境的刺激；反之，外部世界那不可胜数的印象无时无刻不在影响着每一个人，因此人绝不会只对一种刺激有感知。此外，一旦感知到某个印象，感知者就会持续不断地受到这个印象的影响。假如印象是以另一个人的要求和恳求形式出现，而这个人的目的又是要说服他人相信自己的观点，那么我们就可以把这些印象称为暗示。暗示是为了改变或强化被暗示者心中已有的观点。真正的难题在于，人们对来自外部世界的刺激会做出不同的反应。每个人接受社会影响的程度与其独立性密切相关。有两种人我们必须注意。第一种人过于重视别人的看法，从而轻视自己的观点，也不管自己的观点正确与否。他们喜欢高估别人的重要性，愿意依从别人的意见，特别容易受暗示或催眠的影响。第二种人则把任何刺激或暗示都看作侮辱，他们认为只有自己的观点才是正确的，而对这些观点究竟正确与否倒是丝毫不在意。对于其他人的见解，他们一概置之不理。这两种人都有弱点。第二种人的弱点在于不能接受来自他人的任何观点。这种人一般都喜欢争强好胜，虽然他们有时候会骄傲地宣称自己乐于接受建议，但他们之所以这样做，也只是为了强调他们那独一无二的姿态。事实上，这种人并不容易接近，而且很难与人共事。

第五章

自卑感与追求认可

洞 察 人 性

UNDERSTANDING
HUMAN
NATURE

1. 童年早期的情境

现在我们无疑可以认识到这样一个事实，即与那些从小就感受到生存乐趣的儿童相比，从未受到上天眷顾的儿童对待人生及他人的态度截然不同。可以说这是一条基本规律，即带有先天性身体缺陷的儿童从小就陷入了一场艰苦的生存斗争之中。这场斗争往往会扼杀他们的社会感，致使他们对怎样与人协调合作毫无兴趣，而只是沉浸在自己的世界以及陷入自己会给别人留下什么印象的纠结之中。身体缺陷可能使人对世界表现出敌视态度，而社会和经济负担则可能导致过重的压力，让人仇视社会。这种决定性的趋势在人很小的时候就会确定下来。早在两岁时，这类儿童便会经常产生一个想法，即觉得自己为竞争所做的准备不如同伴充分。即便是在普通的游戏和娱乐活动中，他们也总觉得自己底气不足。因为过去有过艰辛的经历，他们心中有一种受人忽视的感觉，并在他们急切期待的态度中表露无遗。我们必须牢记，儿童在社会生活中处于劣势地位，只不过是家庭给了他们一定程度的社会感，他们才能独立生存下去。每当看到儿童的柔弱与无助，我们就能切实体会到，每个人在生命之初都或多或少伴随着一种深切的自卑感。儿童迟早会意识到自己不能单枪匹马地对付生存的挑战。正是因为这种自卑感，儿童才有了努力奋斗的动力和起点。它决定了儿童将以何种方式在生活中获取平静和安全，决定了他们的生存目标，并为其设定了通向这一目标的前进路线。

儿童的可塑性与他们的生理潜能有着密切的关系。有两个因素会破坏儿童的可塑性：一个是被夸大、被强化、未被消除的自卑感；另一个是目标，那种不但要得到安全、平静和社会平衡，而且力求支配他人，企图凌驾于环境之上的目标。我们一眼就能认出哪些儿童是有这种目标的。他们总认为自己的一切经历都是失败的，无论是老天还是其他人都在忽视、排斥自己。正因此，他们才变成了问题儿童。我们必须将所有这些因素都考虑进去，想到儿童可能会出现哪些曲折的、不充分的或者其他充满错误的发展。每个儿童都有可能误入歧途，也迟早会发现自己总是身处某种危险境地。

由于儿童必须在成人的关爱下长大，他们就很容易觉得自己是如此柔弱、渺小，并且没有独立生活的能力；对于那些别人认为他们能够做好的简单工作，他们也不相信自己真能做得好，或者不出错。教育方面的大多数错误就是从这里开始的。我们对儿童的要求超出了其力所能及的范围，这让他们觉得自己无能为力、孤立无助，并为此而深感羞愧。

有些人甚至刻意让儿童感觉到自己的渺小和无力。他们可能把儿童视作玩具和会动的洋娃娃，也可能把儿童视为需要小心看管的贵重财产，甚至可能把儿童看成毫无用处的废物。父母和大人的这些态度往往会使儿童相信自己只有两个选择：要么讨大人的喜欢，要么令大人不快。因父母而产生的这种自卑感，可能会受我们文明中的某些特殊因素影响而进一步强化，比如轻视儿童就会加剧孩子的自卑感。这样做会使儿童觉得自己是无足轻重的小人物，没有任何权利；或者觉得自己是成年人生活的点缀，没有发言权，并且必须恭恭敬敬、不吵不闹；等等。

　　许多儿童在被人嘲笑的持久恐惧中长大。嘲笑儿童几乎算得上是一种犯罪行为，因为这样做对儿童心灵所造成的影响是难以磨灭的，甚至在儿童长大成人之后还会影响他们的习惯和行动。一个成年人小时候是否常常遭人嘲笑，我们很容易就能看出来，因为有过这种经历的人始终无法摆脱再次被嘲弄的恐惧。**轻视儿童的另一个表现就是经常对他们说明显的谎言。这样做不但会使儿童对自己周围的环境产生不信任感，而且还会使他们开始怀疑生活的严肃性和真实性。**

　　我们的病例中曾有过这样的儿童：他们在学校里老是莫名其妙地笑。当被问及为什么要笑的时候，他们回答说上学只不过是父母开的一个玩笑罢了，所以不值得用严肃认真的态度来对待。

2. 补偿自卑感：追求认可和优越

决定个体生存目标的是自卑感、不足感和不安全感。早在生命之初，儿童就倾向于努力引人注目，让父母注意自己。在这种倾向中，我们可以发现，由于自卑感的影响，想要得到认可的强烈欲望逐渐觉醒。孩子身上流露出的这种迹象明确显示出，个体的目标就是要追求优越，是要优于自己所处的环境。

追求优越的目标取决于个体社会感的程度和质量。倘若不对一个人追求优越的目标和其社会感的强弱程度做一番比较，那么不管这个人是大人还是小孩，我们都无法对他做出客观的评价。他确定的目标要么可以保证他获得优越感，要么可以提升他的人格，使他的生命显得有意义。这样的目标使他的感觉有了价值，整合协调他的情感，激发他的想象，引导他的创造力，决定他会记住什么以及忘掉什么。由此可见，个体精神活动中的要素——感觉、情绪、情感和想象的价值都是相对的，甚至都不是固定的常量。个体终极的奋斗目标会影响这些要素的变化，其真实想法也被这一目标支配和决定。可以说，所有这些要素都隐含着个体所努力追求的最终目标。

我们通常是根据一个固定的点来给自己定位，这个点是我们人为创造出来的，是虚构的，实际上并不存在。由于精神生活本身存在不足感，我们必须假定有这样一个点存在。这与其他学科的假定很相似，比如用并不存在但极为有用的子午线来给地球划分时区。在心理虚构中，我们必须要假定一个固定的点，哪怕进一步的观察会证实这个点并不存在。这样做只是为了在一种杂乱无章的状态中确定分析方向，以便我们能够对其中的各种相对价值有清晰的认识。而这样做的好处在于，只要定下了一个点，我们便可以根据这个固定的点来对所有的感觉和情感分门别类。

因此，个体心理学创立了一套具有启发性的体系和方法，即将人的行为视为一张合乎个人目标的关系网，这个关系网建立在人体的基本遗传潜能之上，是在追求特定目标的过程中形成的。不过我们的经验表明，个体在为某个目标而奋斗，这一假定不仅仅是一个合宜的虚构。它的基本规律与实际存在的事实不谋而合，无论这些事实是存在于意识中，还是存在于无意识中。为某个目标而奋斗，即精神生活有其目的性，不仅是一个哲学上的假设，还是一个实际存在的基本事实。

对权力的追求可谓是人类文明最大的弊病，那么如何才能最有效地阻止这一弊病的发展呢？研究这个问题时，我们面临着重重困难，因为这种追求早在婴儿时期就已经开始了，但我们很难对一个婴儿加以分析。只有等婴儿长大后，我们才有机会来努力扭转和纠正他们的倾向。但到了这个时候，即便与儿童生活在一起，我们也不可能使他们的社会感发展到足以让他们放弃对权力的追求的地步。

还有一处困难在于，儿童对权力的追求并不会公开地表现出来，而是掩藏在友善和温情的面纱之下。他们小心谨慎，深藏不露，不轻易暴露自己的想法。如果不对儿童对权力的追求加以约束，便会导致儿童的精神发展出现退化。在追求安全和权力的过程中，儿童一旦逾越边界，就有可能变勇气为鲁莽，变服从为懦弱，变温情为凌驾于世界之上的阴险。最后，他所有的自然情感或表达都会蒙上一层伪善的面纱，并以征服周围的一切为其行动的最终目标。

教育之所以能够影响儿童，是因为它能够通过一系列的动作有意识或无意识地补偿儿童。它能教会儿童生活技能，赋予儿童一种训练有素的理解力，以及帮助儿童建立对他人的社会感。所有这些措施，不论其源自哪里，都能够帮助成长中的儿童摆脱不安全感和自卑感。此时我们必须根据儿童所表现出的性格特征来判断其精神活动，因为这些性格特征可以说是其精神活动的一面镜子。儿童在实际生活中所处的位置（劣势），虽然对他们的精神状态而言极其重要，但这不是可以用来衡量其不安全感和自卑感的标准，因为这些感觉主要取决于他们如何解读它们。

我们不能指望儿童在任何处境中都可以对自己做出正确的判断，毕竟连成年人也做不到这一点。如此一来便有了种种困难。儿童的成长环境错综复杂，有些儿童会不可避免地误解自己的劣势地位，当然也有一些儿童可能会对自己的处境有更客观的理解。但整体来看，儿童对自身自卑感的理解会随着成长的步伐不断发生变化，最后这种理解会固定下来，表现为一种明确的自我认识，这就是存在于儿童所有行为中的那个自我评价的"恒量"。儿童会依据这个确定了的标准或者"自我评价恒量"，创造出补偿的手段使自己摆脱自卑感。

心灵试图通过补偿机制来平衡令人痛苦的自卑感，类似的现象在生物界也存在。众所周知，当我们身上某个重要器官的能力因受伤而降低到正常状态之下时，这个器官就会出现增生或功能强化的现象。因此，在血液循环不通畅时，心脏似乎会积聚全身的力量，以至于它有可能变大，变得比正常的心脏更有力。同样，在自卑感的压力下，或是在"认为自己弱小而无助"这一想法的折磨下，心灵会竭尽全力想办法征服"自卑情结"。

当儿童的自卑感强烈到害怕永远无法弥补自身的弱点时，危险便会不断出现。**在追求补偿的过程中，他们不会只简单地满足于恢复权力，而是会寻求一种过度补偿，追求超额的权力。**

对权力的追求可能会被人们夸大或强化到病态的地步，倘若如此，普通的生活环境便再也无法令人满意了。在这种情况下，个人的行动往往会比较夸张，这正好符合被夸大的目标。在研究病态的权力追求时，我们发现那些在生活中试图通过超乎寻常的努力来保障自身安全感的人，会更迫不及待，更缺乏耐心，会有更强烈的冲动，也会更少顾及他人。这些人的行动引人注目，因为他们有着过于强烈的凌驾于他人之上的念头，从而做出夸张的举动。他们会通过攻击别人来保卫自己的生活。总之，他们对世界充满敌意，世界也与他们对抗。

当然，情况倒不至于糟糕到这种地步。有些儿童在追求权力的过程中，并非有意要和社会发生直接冲突，他们的志向也没有什么反常之处。然而，假如我们仔细研究一下他们的活动和成就，便会发现整个社会并未从他们的成功中获益，因为他们的抱负只关乎自身，毫不顾及他人的利益，而且这种自私的抱负往往会使他们成为别人生活中的障碍。随着时间的推移，他们的人格中还会陆续出现一些其他的特征。若从整个人类关系的角度来考虑，我们会发现这些特征带有越来越明显的反社会色彩。

这些特征中最显著的是骄傲、虚荣以及不惜一切代价征服他人的强烈欲望。一个人通过提高自身的社会地位以及贬损他人，都可以满足其征服他人的欲望。也就是说，将一个人与他人分隔开来的"距离"是实现征服愿望的关键所在。这种征服态度会不断地使他触碰人生的阴暗面，使他体验不到任何生命的乐趣。结果，这不但令周围的人难以忍受，也令他本人不舒心。

有些人希望通过拼命追求权力来确保自己对环境的影响力，但这很容易让他们对日常生活中的普通工作和职责采取抵抗的态度。如果将这些渴求权力的人与普通人做比较，我们便能很快确定他们的社会指数，即一个人与他人疏离的程度。假如我们对人性有敏锐的观察，并且了解生理缺陷的重要性，那么自然就会明白，若非心灵在发展过程中出现过什么问题，这种性格特征是不可能形成的。

心灵在正常发展过程中，有可能会出现一些问题，我们只要认识到这些问题的重要性，便能真正地理解人性；而只要我们充分发展自己的社会感，我们所掌握的这些人性知识不但不会成为害人的工具，反倒可以用来帮助他人。比如，有生理缺陷或性格不好的人可能脾气暴躁，对此我们不应该持责备态度，因为这并不全是他们的责任。事实上，他们绝对有权利表达自己的愤怒。此外，我们也应该认识到，对于他们的处境，我们也负有一定的责任。之所以这样说，是因为我们未能及时对造成这一悲剧的社会情况采取预防措施。如果能坚持这一立场，那我们最终肯定会改善现有状况。

对于这类人，我们不应该把他们当成没出息的、不足挂齿的无赖，而应该将其当作我们的同伴。我们应该给他们营造一种氛围，让他们觉得自己与周围每一个人都是平等的。试想，如果一个人带着显而易见的身体缺陷出现在你的眼前，你也许会感到很大程度的不快。以什么样的态度来对待身体有缺陷的人，是一个很不错的衡量标准，可以衡量我们的教养，让我们对社会公正有正确的认识，并与社会感的实质融洽相处。另一方面，我们还可以据此判断，人类文明究竟在多大程度上受惠于这类人。

不言而喻，有先天性身体缺陷的人从一出生就会感受到过重的生存压力，于是，他们倾向于用悲观的眼光看待一切人生问题。有些儿童虽然没有太过明显的身体缺陷，但由于各种原因，他们的自卑感变得非常强烈，于是产生类似的悲观态度。比如，在成长的关键时期，如果家庭教育过于苛刻，就可能导致不幸的后果。儿童小时候受到的伤害会在他们的心头留下难以磨灭的印象，并且妨碍他们与别人的交流。如此下去，他们就会认为自己生活在一个缺乏爱与感情的世界里，和这个世界没有丝毫联系，产生不了共鸣，进而无法接纳这个世界。

举个例子，一个病人很引人注意，因为他一直反复给我们讲他那强烈的责任感以及他所有行为的重要性。他和妻子一起生活，但关系糟糕到了极点。这两个人在每一件事情上都会争执，彼此都想战胜对方，甚至连鸡毛蒜皮的事情也不放过。在两人无休止的争吵，以及相互谩骂和侮辱中，他们不可避免地疏远了。做丈夫的原本对他人存有的那一点社会感，如今也因为他对优越的错误追求而消除了，至少对他的妻子和朋友而言是如此。

从他讲述的人生经历中，我们了解到以下情况：在十七岁之前，他的身体尚未发育成熟，声音还像个小男孩，没有体毛，不长胡子，是学校里最矮小的学生之一。现在他三十六岁，从外表上看很阳刚，就好像造物主发现了这个被遗漏的男孩，并且赋予了他十七岁之前未曾拥有的一切。但是，发育晚所带来的痛苦足足折磨了他八年。在这期间，他根本无法确定造物主是否会对他的异常发育做出补偿，所以他一直以为自己将永远滞留在"儿童"阶段，并为此痛苦不堪。

早在那时，他现在的性格特征就已经初露端倪了。他总是一副趾高气扬的样子，仿佛他的一举一动多么重要似的。事实上，他的所有表现都是为了让自己成为众人瞩目的中心。随着时间的推移，他逐渐形成今天我们在他身上看到的那种性格。结婚之后，他一直努力想给妻子留下一个印象，即他实际上比她所想象的更重要、更了不起，而妻子却总是热衷于指出他的自我评价是多么名不副实。在这样的状态下，他们的婚姻甚至在订婚阶段就已经显露出破裂的迹象，因而几乎不可能和谐美满，最后终于在一次社会动乱中结束了。这时，他来找医生，因为他的自尊心本就备受打击，婚姻的破裂无疑是雪上加霜，使其变得更加支离破碎。其实，他要想痊愈，就必须先从医生那里学会如何理解人性，如何认识自己在生活中所犯的错误。他对自己劣势地位的错误评价，已经影响了他迄今为止的整个人生。

3. 人生曲线图与世界观

我们在阐述类似这样的病例时，通常需要弄清楚病人对儿时事物的印象及他目前的实际状况之间的联系，而用类似于数学公式中的曲线图来表达这种关系最为合适。通过这种方法，我们可以成功地绘制出许多病人的人生曲线图，即贯串个体所有运动的精神曲线。这条曲线的形态代表的就是个体从幼儿时期就开始遵循的行为模式。也许有些读者会想，我们这种做法过分简化了人生，是在低估人的命运，或者会觉得我们是在否定"人可以决定自己的人生"这一观点，认为我们是在否定人的自由意志和判断力。就自由意志而言，这一谴责不无道理。事实上，此行为模式的最终形态难免会发生一些细微的变化，但其实质性的内容、精神以及意义从始至终都保持不变。因此我们认为，纵使长大成人之后的环境可能会在某些情况下使其有所变更，此行为模式依然是一个确定性因素。在研究过程中，我们首先必须找出儿童最早的儿时经历，因为婴儿时期的印记不但指出了儿童的发展方向，而且还预示着他们对未来人生的挑战会做出什么样的回应。儿童在应对人生挑战时会调用他们所有已经形成的潜在心理能力，因此他们在婴儿时期所感受到的特殊压力必定会影响到他们的人生态度，并且从根本上决定他们的世界观和宇宙观。

在我们看来，一个人对待人生的态度在其婴儿时期之后就未曾改变过，尽管在以后的生活中，这种态度的表现方式会与一开始时截然不同。因此，重要的是要为儿童营造一种环境，使他们不易对人生形成错误的认识。在成长过程中，儿童的体力和身体抵抗力是一个重要因素，此外，他们的社会地位以及那些负责教育他们的人所具有的性格特征同样重要。刚出生的时候，儿童对生活的回应是无意识的，是条件反射式的，但在以后的生活中，其回应方式会针对特定目标发生变化。也就是说，人刚出生的时候由本能需求决定喜怒哀乐，但以后会获得避开或遏制这些原始欲望的能力。这样的变化一般开始于儿童刚刚有自我意识的时候，差不多就是在开始称自己为"我"的时候。正是在这一阶段，儿童开始意识到自己与周围环境之间存在着一种固定联系，这种联系不是中性的，它迫使儿童根据自己的世界观，根据自己对幸福和完美的看法，采取不同的态度来调整自己与外部世界的关系。

回想一下我们之前对人类精神生活具有目的性所进行的讨论，便会更清晰地认识到，人的行为模式具有与众不同的特征，即它是一个坚不可摧的完整统一体。我们要认识到，每个人都是一个完整的人格统一体，即便是那些表面上看起来具有明显相反精神倾向的病人也不例外。比如，有些孩子在学校和在家里的行为完全相反，而有些成年人的性格也非常矛盾，让人难以捉摸。再比如，两个人的举止和表现从表面上看或许毫无差别，然而只要仔细研究他们潜在的行为模式，便会发现他们的行为实际上完全不同。有时候，当两个人看上去是在做同一件事时，他们实际上有可能是在做截然不同的事；反之，当两个人所做的事从表面上看不一样时，他们其实可能是在做同一件事。

由于可能有多种意义存在，因此我们绝对不可以将精神生活的表现视为单纯的孤立现象。恰恰相反，我们必须依据这些现象所指向的那个统一目标来判断其意义。只有了解一种现象在一个人的人生中所具有的价值，我们才能明白它的本质意义。只有承认个体的任何一种表现都是同一行为模式的一部分，我们才能理解个体的精神生活。

人的所有行为都以追求某个目标为基础。懂得这一道理，懂得人的行为自始至终都受某种条件制约，那我们也就能意识到自己最有可能在哪一点上出现错误。这些错误的源头在于：我们每个人都会依照自己独特的生活方式来运用自己的成功经验和精神资源，同时也会在一定程度上强化这种生活方式。之所以如此，是因为我们通常对任何事情都不加以批判检验，只是简单地接受、转化并吸收所有有意识与无意识的感知。对于人的这种行为模式，只有科学才能阐明并揭开其真相，也只有科学才能改造它。下面我们就用一个例子来对以上观点做一番总结，在这个过程中，我们会运用已知的个体心理学理论来分析和解释每一个现象。

有一个年轻的女病人，她抱怨说自己对生活有着难以压抑的不满，因为各种各样的繁杂事务让她整天忙得不可开交。单从外表上我们就能看出她是个急性子，眼睛总是转个不停。她还抱怨说，即便是做一件简单的事情，她也会提心吊胆、紧张不安。从她的家人和朋友处我们得知，她把一切都看得很重要，而且繁重的工作令她疲于奔命，似乎快要支撑不住了。她的一个家人说她"总是小题大做，瞎操心"。我们对她的整体印象是，她是一个非常较真的人，许多人都有这种性格特征。因此我们对她的性格有了一些判断。

我们来试着想想看，倘若一个人倾向于将任何一项简单工作都看得特别困难、特别重要，那么他的行为会给亲戚朋友及伴侣留下什么样的印象？不难判断，大家肯定会觉得，这种倾向所要表达的是一种恳求，恳求周围的人不要再给他增加任何其他的工作，因为他连最基本的工作都无法胜任了。

我们对这位女病人的人格了解得还不够充分，因此需要鼓励她再多讲讲自己的情况。在这样的观察和诊断过程中，我们必须旁敲侧击、体察入微，不能有支配病人的企图，因为这只会激起抵触情绪。后来我们取得了她的信任，和她有了进一步的交谈，我们得出这样一个结论，即她全身心关注的只有一个目标。这位女病人的行为表明，她在试图向某个人（很可能是她丈夫）证明她再也不能承受任何义务或责任，她应该得到温柔的对待和细心的呵护。我们还可以进一步猜想，这一切肯定在过去的某个时候就已经开始，那时她就有过这样的要求。我们成功地从她那里得到了确认。她承认，在很多年以前，有一段时间她最缺乏、最渴望的就是温情。到这里，我们对她的行为有了更明确的认识：她现在的行为是她渴望得到关心的一种强化；曾经她对温柔与爱意的追求未能得到满足，现在她想阻止这样的事再度发生。

她又讲了一些事，进一步证明了我们的结论是正确的。她讲到了一个朋友，这位朋友在许多方面都与她性格相反，但同样有一段不幸的婚姻，也同样渴望从婚姻中逃离出来。有一次她去见这位朋友，只见朋友正拿着书站在那里，用厌倦的口气对丈夫说自己实在没什么心思做午饭。这令丈夫大为恼火，于是便以激烈的言辞抨击了她这位朋友的整个人格。对于这件事，我们的病人是这样看的："我一想起这件事，就觉得我的处理方式要好得多。没人会这样指责我，因为我从早到晚忙得焦头烂额。在我家，如果午饭没按时准备好，谁也不会说我什么，因为我总是要赶着做那么多事。难道我要放弃这种做法吗？"

我们已经很清楚她内心的真实想法是什么，她试图用一种不怎么得罪人的方式来获得一定的优越感，同时也想通过不断地恳求温情来避免受到别人的责怪。既然这种办法很有效，那么似乎没有什么理由让她弃之不用，但她这样做的原因并不止这些。她对温情的恳求（同时也是一种支配他人的企图）永远不会得到满足，这必然会引发各种各样的矛盾。倘若家里有什么东西找不到了，她就会陷入一种庸人自扰的困境。然后，如果有太多的事情需要处理，她就会反复头痛、深夜难眠，而只有一切都井井有条，她的内心才能踏实。此外，受到邀请对她来说是一件非常重要的事，她必须为此做大量准备。因为再小的事对她来说都是非同寻常的大事，所以到别人家做客无疑是一项难上加难的艰巨任务，需要她花上数小时乃至数天才能做好准备。由此我们大概可以猜到，对于受到邀请，她要么会婉言谢绝，要么会接受但最终迟到。这类人的社会感不会特别强。

在婚姻生活中，这种对温情的渴求会让一些关系看上去过于重要而显得不太正常。比如，可以想象，她丈夫必定会因公出差，或者需要单独拜访别人，或者必须出席某个社团的聚会。在这种时候，假如丈夫把她独自留在家里，这对她来说是不是缺乏爱和温情呢？我们的第一反应也许会认为，既然结了婚，那让丈夫留在家也无可厚非，而且事实往往也是如此。然而，丈夫尽自己的义务留在家，这一举动只是看起来甜蜜怡人，实际上任何有职业追求的男人都难以忍受。在这样的情形下，不可避免地会出现不和谐。而在我们这个病例身上，不和谐很快就显露出来了。她的丈夫偶尔会很晚才上床睡觉，以免打扰她休息，结果却吃惊地发现妻子竟没睡着，而且还愤怒地看着他。

此类情形非常常见，在此不一一举例。当然有一个事实不容忽略，即我们所讨论的小毛病并非女性专有，许多男性也有类似的情况。我们想着重说明的是，对温柔体贴的特别要求有时可能会以不同的方式表现出来。在我们这个病例身上会出现下列情形：倘若有时候丈夫不得不在外面过夜，她就会告诉他，既然他平时不怎么参加社交活动，那么最好别回来得太早。虽然她说这句话时是半开玩笑，但她这句话其实大有深意。这看起来好像可以否定之前我们对病人的印象，但仔细观察之后我们便能看出其中的联系。她很聪明，对丈夫管束得不是太严。从表面上看，她很有魅力，性格上也没什么缺陷，只是唯一令我们感兴趣的是她的心理活动。她对丈夫所说的那番话的真正含意是：决定权掌握在我手中。既然她已经允许丈夫在外面待到很晚，那么如果丈夫自作主张待在外面不回家，她就会觉得自己受到了莫大的伤害和轻视。她的话给整件事蒙上了一层朦胧的面纱，似乎在夫妻关系中她成了发号施令的一方，而她丈夫，即便是在工作或进行其他社会性活动时，也是在服从她的愿望和意志。

如果将她对温情的渴望和我们的新发现（她只有在完全掌控全局的情况下心里才踏实）联系起来，我们就会明白，她不允许自己在生活中屈居于从属地位。这一动力自始至终都在激励着她，她总想掌握支配权，不愿意让任何指责动摇她的地位，并且要永远成为自己生活圈子里的中心人物。在面临任何一件事情时，她都会表现出这样的行为习惯。比如，当她要找一个新女佣时，她就会变得异常兴奋。很显然，她关心的是自己能否像控制以前的女佣一样控制这个新女佣。再比如，倘若要准备出门散步，她同样会情绪激动，因为她将离开自己牢牢掌控的环境，进入外面的世界。一旦走上大街，就没有一样东西是她能掌控得了的，她得避开所有的车辆，也就是说，她得扮演一个绝对服从的角色。当我们知道她在家里是如何跋扈专制，那么她紧张焦虑的原因和意义就会一目了然。

这些性格特征可能经常会以愉快的方式表现出来，以至于从表面上看，我们绝对想象不到这个人的内心其实备受煎熬，更想象不到这种煎熬会剧烈到极端的程度。试想，将已有的紧张夸大和加剧，那会是怎样的一种情形？有些人害怕乘坐公共汽车，因为在公共汽车上他们不能任意行事。这种情形若是继续发展下去，到最后他们甚至会连家门都不敢迈出去。

在这个病人身上，我们还可以看到一个颇具启发性的例子，关乎她对儿时的印记如何影响她的人生。不可否认，从这个女病人本人的立场来看，她的行为完全正确。假如一个人一生都在追求温暖、尊重、荣誉和柔情，那么为了达到这个目标，让自己看上去不堪重负或心力交瘁确实是一个不错的办法。其他所有方法都不可能像这个方法一样可以规避批评，同时又迫使周围的人温和、细致地对待她，并且还可以回避一切有可能破坏精神平衡的东西。

追溯一下这位病人的人生经历，我们便会发现，早在上学的时候，她就已经在这样做了。每当完不成作业时，她就会变得异乎寻常地激动，并通过这种方式迫使老师以温和的态度对待她。她还补充说，她是家里三个孩子中的老大，下面有一个弟弟和一个妹妹。她常和弟弟闹矛盾，因为弟弟一直最受宠爱。尤其令她生气的是，大家对弟弟的学习成绩非常重视，而对她的成绩却漠不关心，即使她当时成绩不错。最后她忍无可忍了，于是便整天牢骚不断，想知道为什么自己的优异成绩没有得到同等的重视。

由此可知，她在年轻时就在努力追求平等，而且从很小的时候起就有了自卑感，同时也在努力克服这种自卑感。可惜她在学校的好成绩并未对她的自卑感起到补偿作用，于是她变成了一个坏学生，企图凭借糟糕的学习成绩来"打败"弟弟。这当然不是件光彩的事，但她孩子气地认为这样做合情合理，因为如此一来父母的注意力便会更多地转移到她身上。她的一些小把戏肯定是精心策划、有意为之的，因为她明确地告诉我们她是自己想做一个坏学生的。

然而，她父母丝毫没把她成绩变差这件事放在心上。就在这时，一件有趣的事发生了，她的成绩忽然又有了明显进步，因为此时她妹妹作为家中的新成员登场了。妹妹学习成绩也不好，而母亲对此所表现出的苦恼几乎与对弟弟的担忧一样。这个妹妹的特殊之处在于，我们的病人只是学习成绩差，而她却品学兼劣。如此一来，妹妹轻而易举地吸引了母亲的注意。毕竟，和学习成绩差比起来，品行恶劣肯定会造成完全不同的社会影响，还可能会导致各种特别严重的危险发生。父母情急之下，便在妹妹身上投入了更多的心思。

就这样，她争取平等的斗争暂告失败。但一场斗争的失利绝不意味着斗争就此结束，因为没有人能够长久地忍受这样的境遇。此后，她不断出现新的倾向和举动，而所有这些都对她性格的发展起到了一定的推动作用。现在我们能更深入地认识到，为什么她会小题大做，会时时刻刻忙碌不停，会渴望大家看到她不堪重负的样子。这些最早其实是做给她父母看的，意在让父母能像关心弟弟妹妹那样关心她；同时，这也是在谴责父母偏爱弟弟妹妹。她的基本态度是在那时形成的，一直保持到了今天。

沿着她的人生轨迹，我们还可以继续往前追溯。她对儿时的一件事记忆犹新。当时，她想用一块木头打刚出世的弟弟，幸亏母亲及时发现并小心提防，才没酿成大错。那时她才三岁，但已经发现她之所以被冷落，之所以不如弟弟那样受宠，都只是因为她是个女孩。她清晰地记得，自己曾无数次地说过想成为一个男孩。弟弟的出生不但让她失去了家庭的温暖，还使她感到特别委屈。只因为是个男孩，弟弟的待遇就比她要好得多。为了弥补这一不公平的待遇，她就想出了一个办法，即始终表现出一副不堪重负的样子。

现在，我们来解读她所做的一个梦，以证明她的这种行为模式已经根植于她的内心之中。她梦到自己在家里和丈夫说着话，但她丈夫看上去好像不是男人，而像是女人。这一细节象征了她用以处理自己所有经历和关系的行为模式。这个梦意味着她在与丈夫的关系中找到了平等，丈夫不是像她弟弟那样占据优势地位的男人，而是已经像个女人了。这样他们之间就不存在高下之分了。可以说，她在梦中获得了从小就一直期盼得到的东西。

这样，我们成功地将一个人精神生活中的两个点连接了起来，由此我们发现了她的生活方式、她的人生曲线以及她的行为模式，并借此概括对她的整体印象：我们所面对的是一个以温和的方式扮演强势角色的人。

第六章

为人生做准备

洞　察　人　性

UNDERSTANDING
HUMAN
NATURE

个体心理学有一个基本原则，那就是心理的一切表现都可以理解为为某一特定目标所做的准备。在前面所描述的各种精神活动中，我们都可以看到个体在坚持不懈地为实现愿望做准备，在一往无前地为梦想中的未来做准备。这是人类的一种普遍经验，是每个人都会经历的过程。人类的神话、传奇故事或英雄传说总会涉及理想的未来。不同的人类文明有一个共通之处，那就是都相信存在天堂。这一信念反映了人们对未来的期盼，相信所有的困难在未来都将迎刃而解。此外，灵魂不灭或灵魂转世等认识也充分表明人们确实相信灵魂有朝一日能够获得重生。还有，人们之所以如此喜爱童话故事，也是因为从未放弃对幸福未来的憧憬。

1. 游戏

儿童的生活中有一个重要行为非常清晰地展示了儿童是如何为将来做准备的，那就是游戏。我们不能认为游戏就是父母或老师随意想出来的主意，而是应当将游戏视为教育的一种辅助手段，一种对儿童的心灵、想象力和生存技巧有促进作用的激励因素。在儿童所玩的每一种游戏中，都隐含着他们为将来所做的准备。**儿童对待游戏的态度、所做出的选择以及对游戏的重视程度，都暗示了他们对周围环境的态度、和周围环境的关系以及与人交往的方式是怎样的**。他们是充满敌意还是态度友好，特别是他们有没有支配他人的倾向，都会在他们做游戏的过程中表露无遗。也就是说，只要仔细观察儿童在游戏中的表现，我们就能看出他们的整个人生态度。可见，游戏对所有儿童都具有无可比拟的重要性。儿童做游戏是在为人生做准备，这个观点是教育学教授格罗斯（Gross）提出来的，他在动物的玩耍中也发现了同样的倾向。

不过，为人生做准备并非游戏的全部意义。游戏是一种社会锻炼，能够满足并完善儿童的社会感。假如有哪个孩子不喜欢做游戏，不喜欢和大家一起玩耍，通常就会被认为缺乏适应生活的能力。这样的儿童一般不主动参加任何游戏，即便强行让他们和其他孩子一起玩，他们也经常会令大家扫兴。他们之所以会有这种表现，主要是因为他们非常骄傲却不够自信。这样的性格让他们过分担心自己会在游戏中出洋相。为了不暴露自己的弱点，他们索性不参加任何游戏。总而言之，通过观察儿童在游戏中的表现，我们便能确定他们究竟具有多少社会感。

在游戏过程中，儿童试图占据优势地位的做法不可忽视。不少儿童在游戏中都争着想当领导，想指挥别人，这充分表明他们在努力追求优越。因此，只要看看儿童是否喜欢出风头，是否喜欢参加那些能让他们有机会扮演主角的游戏，我们就能了解他们对优越感的渴求程度。可以说，为人生做准备、社会感以及对主导权的追求是儿童游戏中最重要的三个要素，每个游戏都至少会包含这三个要素中的一个。

当然，游戏还包含其他要素，比如儿童在游戏中可能会展示出自己在某些方面的天赋。儿童或多或少都能在游戏中找到属于自己的位置，而且和同伴之间的互动交流也会激发出不同的潜能。有些游戏特别强调儿童的创造潜能，有助于他们为未来的职业生涯做准备。锻炼儿童创造精神的游戏对儿童的发展非常重要。比如，许多人在小时候都有过给洋娃娃做衣服的经历，于是长大以后就给成年人做起了衣服。

游戏与心灵的关系密不可分。游戏可以说是一种职业，而且我们也必须将之视为一种职业，因此，在儿童玩游戏时打搅、妨碍他们并不是无关痛痒的事。还有，我们不能简单地将游戏视为一种消磨时间的方式，因为儿童做游戏可以说是在为将来的人生做准备。每个儿童在游戏中都会表现出自己长大成人后可能展现的某些性格特点。由此可见，在评价一个人的时候，如果对他的童年生活有所了解，那么对他的评价就会更容易、更客观。

2. 全神贯注和注意力分散

专注是精神活动的一个重要特点，也是人类最显著的一项天赋。当我们聚精会神地运用感觉器官去探究自身或外界的某个特别的东西时，便会产生一种特殊的紧张感，这种紧张感并不会遍及全身，而是只局限于某一个器官，比如眼睛。在专注于某件事物的过程中所产生的紧张感类似于蓄势待发或一触即发的感觉。以眼睛为例，当眼轴聚焦在某个方向时，就会带来一种特殊的紧张感。

人在专注的时候会唤起心灵或运动组织中某一部位的紧张感。此时，其他部位的紧张感便仿佛不见了。因此，如果我们想要专注于某事，便会希望排除其他一切干扰。就心灵而言，专注意味着一种态度，意味着我们愿意和某个确定的事实建立特殊联系。此外，专注也意味着心灵在为集中精神力量做准备。在一些非常状况下，我们需要将全部精神力量集中在一个特定目标上。

除了病人和意志薄弱的人，每个人都具有专注的能力。尽管如此，还是有很多人难以集中注意力。造成注意力不集中的原因有很多。首先，疲劳或体弱会影响注意力集中。其次，有些人注意力不集中是因为应该注意的对象与他们的行为模式不相适应，他们对此不感兴趣，所以不想集中注意力；而一旦碰到贴近他们生活方式且令他们感兴趣的事情，他们的注意力会立刻被唤醒。此外，注意力不集中还有一个重要原因，即抗拒倾向。儿童很容易产生抗拒倾向。有抗拒倾向的儿童经常会对别人提供的东西说"不"。要想让这样的儿童集中注意力，必须先让他们放下抗拒的态度。教育者和教育机构要将这类儿童必须学习的内容与其行为模式联系起来，并使这些内容成为其生活方式中不可或缺的组成部分，从而消除他们的抗拒倾向。

对自身以及外界的任何事物，有些人能看到、听到并感觉到，有些人则完全是靠眼睛去探索，还有些人则只能运用听觉来感受。另外有些人，他们什么也看不见，什么也注意不到，对视觉性的东西根本不感兴趣，甚至在最能激发其兴趣的环境里，他们仍然无法集中注意力。造成这种情况的原因在于，这类人用以感受事物的感觉器官尚未被唤醒。

唤醒注意力的一个重要因素是对世界产生发自内心的兴趣。**就精神层面而言，兴趣比注意力要深刻得多，是注意力的基础。**有了兴趣，那么自然就会集中注意力在兴趣上。只要儿童感兴趣，教育者就不需要担心他们能否集中注意力。兴趣可谓是一个既有效又便捷的工具。有了兴趣，人们便会目标明确、专心致志地去掌握某一领域的知识。在培养和发展兴趣的过程中，每个人都或多或少犯过错，而当某些错误的兴趣在一个人身上逐渐固定下来以后，他的注意力就会受到牵连，转到那些对人生而言没有价值的事情上去。比如，倘若一个人最感兴趣的是自己的身体或权力，那么只要涉及自身的身体和权力，只要有什么东西需要去赢取，或者只要受到威胁，他就必然会将全部的注意力集中在这上面。只要没有新的兴趣来取代这种对自身身体和权力的兴趣，那么他的注意力就不可能转向其他事物。在日常生活中，我们经常可以看到这样的现象：当儿童发现没人关注自己，发现自己不受重视时，他们便会立刻集中注意力；而当他们感到某事对自己来说"没什么大不了"的，他们的注意力便会转瞬即逝。一个人若是注意力不集中，这只能说明他对某个场合不感兴趣并且想摆脱这种场合。虽然外部环境要求他专注于这个场合，但这并不能证明他缺乏专心致志的能力。事实上，他可能非常专注，只不过他专注在别的事情上而已。一个人如果缺乏意志力和活力，他的表现会与注意力不集中的人类似。在这类人身上，我们常常发现他们那顽强的意志和执着的精神全都倾注在没什么意义的琐事上，因为他们所追求的目标和我们对他们的预期不一样。要想改善这种缺陷并不容易，只有彻底改变他们的生活方式才有可能成功。

　　精力涣散容易成为一种习惯，成为一种无法改变的性格特征。这种情况相当普遍，我们在生活中常常会碰到这样一些人。当委派他们做他们不愿意做的工作时，他们要么偷工减料、应付了事，要么彻底甩手不干，最后成为他人的累赘。在这类人身上，注意力不集中已经积重难返，成了一种固定的性格特征，每当有什么事需要他们做的时候，这种性格特征便会自然而然地暴露出来。

3. 过失犯罪与健忘

判断儿童是只为自己着想还是会考虑别人的权利的方法很简单，只要看看他们在游戏中是否常常会有粗心大意、丢三落四的表现就可以了。是否会不关心他人以及过失犯罪是衡量个体是否具有公共意识和社会感的标准。假如一个人的社会感没有得到充分发展，那他就很难对其他人产生兴趣，即便对其施加惩罚也无济于事；而假如他具有强烈的公共意识和社会感，那他自然会将更多的注意力放在他人身上。

因此，过失犯罪和缺乏社会感本质上是一回事。不过，即便一个人真的是因为疏忽而犯罪，我们也不应该一味地对他进行谴责，而是应该本着宽容的态度去找出他犯罪的深层原因，解释他为什么不能像大家所期望的那样关心别人。

通过给注意力设限，遗忘就会被人为地创造出来，就像我们故意弄丢了什么东西一样。尽管人们确实会对某些东西怀有浓厚的兴趣，但这种兴趣有时候会被不愉快的心情抑制，进而导致遗忘。例如，儿童常常会丢失课本，就是由类似的原因造成的，他们还不习惯学校生活。同样，那些经常丢钥匙或把钥匙放错地方的家庭主妇，也是因为她们还不习惯做相关的工作。健忘的人一般都不愿意公开表示他们的不满，但从他们的健忘行为中，我们很容易看出他们实际上对自己正在做的事情缺乏兴趣。

4. 无意识

　　我们所说的是那些不知道自己精神活动的意义的人，他们很少能明白自己所看到的一切意味着什么。可见，某些心理机能在意识领域是找不到的。尽管我们可以有意识地让自己的注意力集中到某种程度，但激发注意力的事物并不在意识之中，而我们的兴趣大部分也属于无意识范畴。从广义上讲，无意识也是精神活动的一个方面、一个重要因素。在一个人的无意识里，我们可以探索并发现他的内在行为模式；而在他的意识里，折射出来的很可能是和他行为模式相反的东西。比如，一个虚荣的女人往往不觉得自己虚荣，正相反，她只想通过她的表现让别人感到她是多么朴实。一个虚荣的人没必要知道自己有多虚荣。因此，从这个女人的立场来看，意识到自己的虚荣确实没什么好处，并且一旦意识到自己是个虚荣的人，她就不能再继续这样虚荣下去了。如果不去注意自己的虚荣，她就会觉得非常安稳。这一连串的心理活动全都是在不知不觉中进行的，是无意识的。假如你试图和一个虚荣的人谈论他的虚荣，你会发现很难就此话题展开讨论，因为他要么含糊其词，要么避而不谈，生怕扰乱了自己的安稳。不过，这样的态度反倒让我们对他的看法更加坚定，那就是他其实想继续这样虚荣下去，所以一碰到有关虚荣的话题他就马上闪烁其词，蒙混过关。

在无意识活动方面，人大致可以分为两类：一类对自身无意识活动的了解程度高于平均水准，另一类则低于平均水准。这个分类的标准是意识范围的大小。我们在许多病例身上都发现了一个现象，那就是第二类人的活动范围一般都比较狭小，而第一类人的活动范围则非常广泛，他们对一切人或事都抱有浓厚的兴趣。有些人总觉得自己不堪生活的重负，因而只满足于狭小的生活圈子。生活对他们来说是陌生的，他们无法像熟悉公共生活规则的人那样清醒地正视人生。他们不善于与人合作，也无法理解生活中更美好的事物。他们对生活不怎么感兴趣，并且害怕生活圈子太大的话自己没办法掌控全局。从个人经历来看，我们常常发现，**一个人之所以不清楚自己的生活能力究竟是强是弱，是因为他不但低估了自身的价值，对自身的缺点也缺乏正确的判断**。他可能认为自己是个好人，可实际上他所做的一切都是自私自利的；反过来也是一样，他或许认为自己是个自私自利的人，但仔细观察便会发现他其实是个很善良的人。你如何看待自己或者别人如何看待你，这些都不重要，重要的是你对人类社会抱有什么样的态度，因为你的所有愿望、兴趣和行为表现都是由这个态度决定的。

接下来我们要讨论的还是两类人。第一类人过着一种更为自觉的生活，他们以客观而理性的态度对待各种人生问题，不会盲目行事。第二类人则只着眼于人生的一小部分，在处理各种问题的时候往往比较偏激、不理智，而且他们的言谈举止大多是受无意识支配的。这两类人若是生活在一起的话，很难友好相处，因为他们总是互不相让。在日常生活中，这两类人针锋相对的场面并不少见，要是双方不再意见相左那才奇怪。他们中的任何一方都对对方一无所知，却都相信自己是正确的，并且摆出各种理由来证明自己才是和平与和谐的捍卫者。然而，事实并非如此。他们说出来的话无一例外都是在旁敲侧击地攻击对方，只不过看起来头头是道。倘若再进一步观察，我们便会发现这两类人在生活中始终都抱有一种敌对和好斗的态度。

人类自身有一些力量一直在发挥作用，但不为人所知。这些力量全部都隐藏在无意识中，但它们会对人的生活产生一定的影响，甚至还会造成惨痛的后果。陀思妥耶夫斯基在他的小说《白痴》中曾对这样的情况有过精彩描述，令后来的心理学家叹为观止。书中的主人公是一位公爵，在一次社交聚会上，一位贵妇以嘲弄的口吻警告他，要他小心别碰倒身旁那个价值连城的陶瓷花瓶。公爵向她保证自己会小心的，但几分钟后花瓶就掉到地上，摔了个粉碎。在场的人都认为打碎花瓶并非纯粹的意外，因为这件事很符合公爵的性格，他觉得那个贵妇说的话侮辱了他。

在判断一个人的时候，我们不能光看他身上那些有意识的行为和表现，还要注意那些连他本人都没有意识到的小细节，因为这些无意识的东西恰恰是了解他真实人格的绝佳线索。

比如，有些人喜欢咬指甲或挖鼻孔，但他们本人都不清楚自己的这类不雅习惯是怎么形成的。他们大概根本就没有想到，这类不雅举动实际上暴露出了他们的顽固。为什么这样说呢？很简单，如果儿童有这类习惯，大人肯定会经常训斥并督促他们改掉坏毛病；而如果他屡遭训斥后仍不悔改，那显然他们就是顽固不化的人。通过观察这类不起眼却能反映出整体人格的细节，我们便能深入而全面地了解任何一个人。

下面的两个案例，旨在说明一个观点：让无意识的事件留在无意识中，对人的整体精神来说是更有好处的。人类的心灵能够管理意识，也就是说，能将那些对精神活动而言非常必要的东西保留在意识层面；此外，心灵还会将某些东西保留在无意识中，或者将其彻底变为无意识，以维护人的行为模式。

第一个病例是一位年轻男子，他是家里的大哥，有一个妹妹。他十岁时母亲去世了，从那以后，父亲就开始负责两个孩子的教育。父亲是一个非常聪明、善良、明事理的人，他努力培养儿子的雄心，激励儿子不断追求更远大的目标。儿子也争气，不但学习成绩优异，在班上遥遥领先，而且道德修养和科学素质也一直非常突出。儿子的表现令父亲感到非常欣慰，因为他从一开始就期望儿子能在生活中扮演重要角色。

与此同时，这个年轻人也暴露出了一些令父亲十分担忧的性格特征，父亲竭力想帮他改掉这些毛病，但结果却不尽如人意。在此期间，他妹妹也渐渐长大了，并且处处与哥哥作对。妹妹本身的素质很不错，只不过她更喜欢把自己的柔弱当作武器来赢得胜利，更喜欢通过打击哥哥来凸显自己的家庭地位。在家务方面，妹妹相当能干，哥哥根本没法和她比。尽管哥哥在其他领域能轻而易举地被人认可并大放光彩，但他很难在家务上做得比妹妹好。此外，父亲很早就注意到儿子的社交生活有些反常，而且随着青春期的到来，这种反常愈发明显了。事实上，他根本就没有什么社交生活。他对所有新认识的人都怀有敌意，而如果新认识的人是女孩，他更是避之唯恐不及。刚开始父亲并没把这些当回事，但渐渐地，儿子对社交的抗拒到了几乎闭门不出的地步，连出门散步也不愿意，只有在天黑以后才愿意出去走走。他的生活越来越封闭，到最后甚至连老朋友都不想见。不过，即便如此，他在学校的表现以及对父亲的态度仍然像以前那样无可挑剔。

事态发展越来越严重，最后他无论如何都不愿意出门，在这种情况下父亲不得不带他去看病了。经过几次诊断，医生总算问出了他不肯出门的原因。他认为自己的耳朵太小，大家觉得他很丑。事实上，他的耳朵一点不小。医生告诉他，他的耳朵和其他男孩的耳朵没什么两样，而他之所以有这样的想法，完全是因为他想以此为借口躲开其他人。后来他又抱怨说自己的牙齿和头发也很丑，但这显然也不是事实。

另一方面，我们发现这个男孩是个有雄心壮志的人。他本人十分清楚这一点，并且认为这是父亲精心培养的结果，因为父亲一直在激励他奋发向上、不断进取，告诉他这样才能出人头地。他最大的理想是成为科学领域的杰出人才。这一理想本身倒无可厚非，可如果他是为了逃避我们每个人都应尽的社会责任才选择这样的理想，那就有问题了。为什么他会用如此幼稚的借口来作为理由呢？这些借口如果属实，那他就确实有理由以谨慎焦虑的态度对待生活，因为形象丑陋的人在我们的文明中无疑会遭遇数之不尽的困难。

通过进一步的观察，我们发现这个男孩有非常远大的抱负。以前他总是班里的第一名，他也希望能一直保持下去。要想实现自己的抱负，他必须具备专心致志、勤奋刻苦等良好品质。但在他看来，只拥有这些品质是不够的，他觉得还要将一切和自己的目标没什么关系的东西排除在人生之外。这种想法可以概括为一句话："既然我要成名，既然我要献身于科学事业，那么我必须摒除一切不必要的社会关系。"

不过他既没这么说，也没这么想。相反，他一直说自己长得丑，并试图利用这个无关痛痒的借口来达到自己逃避社会的目的。这个借口之所以在他的行动计划中如此重要，是因为有了这个借口之后他就可以理直气壮地去做自己真正想做的事。现在他需要做的就是坚持自己的说法，夸大自己的丑陋，以便能继续追求自己内心深处的那个隐秘目标。可假如他公开宣称自己想过苦行僧那样离群索居的生活就是为了实现保持第一的目标，那么他的想法就一点也不神秘了。由此可见，虽然在无意识层面他一门心思地想要扮演英雄式的重要角色，但在意识层面他并没有觉察到自己的这个目标。

在他的意识中，从未出现要牺牲一切、孤注一掷地去实现自己目标的想法。如果他真的公然将生命中的一切都押在成为科学名人上面，那最后究竟能不能成功他确实没多大把握。但是，如果借口说自己长得丑并且不敢与人交往，就显得合理很多。此外，在通常情况下，但凡有谁公开宣称自己想永远做第一名，当一个出类拔萃的人，并且愿意为了实现这个目标而牺牲一切人际关系，那他肯定会沦为大家的笑柄。为众人所耻笑是一件令人生畏的事情，是一个我们不敢去设想的情景。生活中有一些想法是绝不能公之于众的，这是为别人好，也是为自己好。正因此，这个男孩人生的指导思想就只能潜藏在他的无意识之中。

假如我们现在为这样一个人指出他人生的主要动机，并指明他之所以不敢正视自身的某些倾向，是因为害怕自己现有的行为模式会遭到破坏，那么他的整体精神机制肯定会被彻底扰乱。这样一来，他曾不惜一切代价想要阻止的事情最终还是发生了。他无意识中的思想一下子变得人人皆知。那些他想都不敢想、有都不敢有的动机，那些一旦进入意识就会扰乱整体行为模式的倾向，现在都赤裸裸地暴露在了人们眼前。人类身上有这样一个特点：所有人都愿意抓住并利用一些想法，从而证明自己的态度和行为是合乎情理的；人们一般不愿意接受任何可能阻止自己按自己意愿行事的观念。换句话说，人们只敢接纳自己认为对自己有价值的东西，并将之存放在意识之中；而那些会破坏既有行为模式的东西，就会被留在无意识之中。

在第二个病例中，主角是一个非常能干的男孩。他的父亲是一位老师，一直鞭策儿子争当班里的第一名。这个男孩最初也取得了一连串的成果，无论做什么，他都能成为最顶尖的那个。他在自己的社交圈里是最有魅力的一个，并且还有几个关系亲密的朋友。

然而在他十八岁那年，情况发生了天翻地覆的变化。他丧失了所有的人生乐趣，变得消沉沮丧，心神恍惚，想尽办法逃避社会。此外，只要交上一个新朋友，过不了多久他就会把关系搞砸。人人都能看出他遇到了严重的行为障碍，可他父亲却认为这种闭门不出的生活方式很不错，能让他将更多的精力放在学习上。

治疗期间，男孩抱怨不断，说是父亲剥夺了他所有的人生乐趣，自己已经没有继续生活下去的自信和勇气。他觉得自己现在一无所有，只能在孤独和悲伤中终此一生。而且他的学习退步明显，大学成绩也出现了不及格的情况。他解释说自己的这种转变是从一次社交聚会开始的，由于他在当代文学方面的无知，他成了朋友们嘲笑的对象。后来类似的事情时有发生，这更加坚定了他离群索居的想法。此外，他坚持认为自己之所以如此不幸，全都是拜父亲所赐，结果父子之间的关系也开始日渐恶化。

两个例子在许多方面很相似。在第一个例子中，我们的病人由于受到来自妹妹的阻力而在生活中遭遇困难。在第二个例子中，病人的问题则出在他把一切责任都归咎于父亲，并因此对父亲抱有深深的敌意上。主导两个病人行为的都是我们所谓的"英雄主义理想"。他们沉醉在成为英雄的理想中，和周围世界逐渐脱节，结果消沉沮丧，对生活失去信心，心甘情愿地彻底放弃这场斗争。不过我们相信，第二个男孩不会有这样的想法："既然我无法继续当英雄，那就该退出社会生活，在痛苦中打发剩下的日子！"

诚然，他父亲是有错的，他所接受的教育也是有问题的。但显而易见，他看到的只是父亲的错误教育方式，只是在不停地抱怨自己所受的教育而非其他因素。他埋怨父亲，完全是因为他想为自己逃避社会的行为找到正当理由。除了说自己所受的教育太糟糕，似乎再也没有什么别的好借口能让他理直气壮地逃避社会了。这样一来，他就不必再受失败的折磨了，因为他可以把一切责任全推到父亲身上，有问题只需要怪罪父亲就可以了。而且，也只有通过这种方式，他才能保住起码的自尊，才能满足自己希望出人头地的理想。在他看来，他曾经有一段辉煌的过去，未来肯定也会大获成功，之所以眼下发展得不大顺利，完全是父亲的责任，是父亲错误的教育方式阻碍了自己的发展，使自己无法获得更大的成就。

在某种程度上说，他在无意识中有这样一种想法："既然我现在站在人生战场的前线，如果保持第一不再像以前那样容易，那我就应该尽一切努力撤离这个战场。"对普通人而言，这样的想法显然是匪夷所思的，所以没有人会说出这种话来，但从这个男孩的行为和表现来看，他的确是这样想的。他列举了不少证据，从而如愿以偿地找到了可以撤离人生战场的理由。他不断抱怨父亲错误的教育方式，从而成功地逃离了社会，避开了一切必须由自己做的人生决定。假如这个想法进入他的意识，那么他那隐秘的行为模式必然会受到干扰，因此，它只能隐藏在无意识之中。既然他曾经取得过那么辉煌的成就，谁又敢说他是个没本事的人呢？而倘若他接下来无法取得新的成就，自然也不会有人怪他，因为这一切都是父亲一手造成的，是恶劣的教育方式造成的。此时此刻，这个男孩集多重身份于一身，牢牢地占据了优势地位：首先，他为自己辩护，竭力证明错不在己；其次，他又作为原告，拼命指责父亲以及父亲的教育方式；最后，他还是法官，坚持判定责任全在父亲。既然如此，他又怎能放弃眼下如此有利的地位呢？他太清楚了，只要他愿意，只要他不断地使用这一手段，受指责的就永远是他的父亲，而他则不需要承担任何责任。

5. 梦

一直以来人们都相信，从一个人的梦境中可以看出这个人的整体人格。与歌德同一时代的利希滕贝格（Lichtenberg）曾经说过，与言谈举止相比，从梦境中更能看出一个人的性格和本质。这有点言过其实了。我们的观点是，对于精神活动中的某个单一现象，必须以最审慎的态度来分析，并且要和其他现象联系起来解读。因此，在分析某个人的人格时，我们必须从他心灵的其他表现中找到强有力的证据来证实我们对其梦境所做的解释，这样我们才能放心地根据梦境来推断他的人格。

人类的释梦行为可以追溯到史前时代。根据文化发展史对各个时代的研究，尤其是神话和英雄传说中的种种例证，我们可以得出结论：在过去，人们对释梦的兴趣要比现在浓厚得多，并且那时候的普通人比今天的人更了解梦。只要回想一下梦在古希腊人的生活中所扮演的重要角色，只要回想一下西塞罗写的关于梦的书，再想想《圣经》中所描述的种种梦境，我们就能知道古代人对梦是多么熟悉。这样的例子数不胜数。比如，《圣经》在描述梦境的时候要么是巧妙地解释，要么是客观而直白地叙述，就好像那些梦的意义不言自明，任何人都能理解似的。约瑟告诉哥哥们那个关于麦穗的梦，就属于这种情况。此外，虽然尼伯龙根传说来自和我们完全不同的文化，但在这个传说中，人们同样会把梦当成可靠的证据，认为它具有预言的功能。

我们如果在探究人类心灵的过程中过于依赖梦境，便很难理解问题的本质所在，因为和那些试图在梦以及梦的解释中运用异乎寻常的方式寻求超自然力量的人没什么两样。只有其他方面的大量研究证实我们从梦境中得出的观点之后，我们才能放心地采纳来自梦境的证据。

即便到今天，相信梦对未来有着特殊意义的人仍然不在少数，有些唯心主义者甚至真的会让梦影响自己。我的一个病人就是这样。他正是以梦为借口，轻率地放弃了所有体面的工作，终日沉溺在股票投机中不能自拔。可是在股票买卖时，他习惯于依照自己做过的梦来买进卖出，而且还经常用过去的种种经历来证明倘若自己不依梦行事肯定会走霉运。所谓日有所思，夜有所梦，他梦到的其实是自己白天殚精竭虑想着的那些东西。就这样，他总是用梦境来自我鼓励，并且在相当长的一段时间里都理直气壮地说自己在梦的帮助下赚了不少钱。可是没过多久他就改了口，说无论如何再也不相信梦有什么价值了，这肯定是他把钱全赔光了。对炒股票的人来说，收益与亏损乃是常事，纵使没有梦的指引，也是无法预料的。既然如此，那我们就没有理由相信梦会起什么奇迹般的作用。事实上，假如一个人对某事特别感兴趣，那么即使在夜里他也会继续苦思冥想如何解决白天所想的问题。于是乎，有些人为此心事重重，夜不能寐；而有些人虽然能酣然入睡，但在睡梦中也没闲着，依然是思前想后。

这种在睡眠过程中占据我们思想的事情，与其说是一种特殊现象，不如说是连接"昨天"和"明天"的一座桥梁。假如我们知道一个人对人生大体持什么样的态度，知道他是如何将"当下"与"未来"联系起来的，那我们差不多也能掌握他梦境的结构特征及意义。换句话说，一个人做什么样的梦是由他的整体人生态度所决定的。

有一位年轻女士做了这样一个梦：丈夫忘了他们的结婚纪念日，她为此责备了丈夫。这个梦可能有好几种含意。倘若现实中真的发生过这种事情，我们就能马上得出结论，即妻子觉得丈夫忽视了自己。但这位女士解释说她自己也忘了结婚纪念日，不过最终还是想了起来，而在梦中丈夫是经她提醒之后才想起纪念日这回事的。可见，她觉得在婚姻生活中自己比丈夫更称职。在我们的进一步询问下，她说像这样的事以前从未发生过，丈夫总能记得结婚纪念日。如此一来我们就明白了，这个梦意味着她对未来非常担忧，害怕丈夫哪一天会真的忘了这个重要的日子。根据这个梦，我们对她的性格做了初步的判断，即她喜欢指责别人，吹毛求疵，总是为了一些莫须有的事情找丈夫的麻烦。

倘若找不到其他证据来支持我们的判断，那我们就不能确定这样解释她的梦境究竟对不对。于是，我们询问了她最早的儿时记忆，她讲了一件至今无法忘怀的事情。在她三岁的时候，她姑姑送给她一只木制汤匙，这令她倍感骄傲。但有一次她正在把玩这只汤匙时，汤匙掉到小溪里漂走了。为这件事她伤心了好多天，以至于父母亲朋也关注起了此事。通过这个梦我们可以假定，她现在想的是自己的婚姻也可能像汤匙那样漂走。假如丈夫真的忘掉他们的结婚纪念日，那她该怎么办呢？

还有一次，她梦到丈夫带着她爬一座高楼，越往上楼梯越陡。一想到自己爬得太高了，她立刻感到天旋地转、紧张不安，最后竟晕了过去。一般人在醒着的时候可能也会有类似的体验，特别是站在高处就容易产生这种头晕目眩的感觉，而且越是向下看，越是感到眩晕。通过将前后两个梦联系起来解读，我们对女子的梦所蕴含的想法、感觉和意义有了更加清晰的认识，对她本人也有了更进一步的了解。我们判定，女子担心自己会从高处摔下去，害怕受到伤害，害怕遭遇不幸。在她看来，万一丈夫对她的感情日渐冷淡，或者是出现类似的事，都属于天大的不幸。假如丈夫出于某种原因和她水火不容，那她该怎么办呢？假如他们的婚姻生活出现了不和谐，她又该怎么办呢？他们可能会争吵，可能会打架，而这样的话最后可能会以她晕过去不省人事而告终。事实上，在他们的一次争吵中，确实发生过这样的事。

现在我们对女子的梦理解得更加深入了。其实，梦里用什么手段来表达思想感情并不重要，重要的是这种思想感情在各方面都是有用的，并且能够表达出来。在女子的梦里，她所遭遇的人生问题是以类比的手法表达出来的，她仿佛是在说："别爬得太高，这样才不至于摔得太惨！"我们还是来回忆一下歌德在《婚姻之歌》中所描述的一个梦吧。一个骑士从乡下回到了家，发现他的城堡里空无一人，毫无生活气息，然后，精疲力竭的他倒在床上睡着了。他梦见从床下走出来一些小矮人，并发现这些小矮人在举行婚礼。梦醒后他心情非常愉悦。这个梦揭示了他内心深处的一个想法，即自己需要娶个妻子。后来，他在梦中所看到的这一幕果然在现实中发生了，他本人步入了婚姻殿堂。

我们在这个梦里发现了许多大家熟知的因素。首先，故事背后隐藏着作者自己对婚姻的向往；其次，我们可以看到这个做梦骑士所渴望、所需要的东西，看到他对自己当前生活状况所持的态度。他需要一段婚姻来调整目前的生活，于是他就会梦到和婚姻有关的情节，结果第二天醒来他确信，如果他也结了婚，生活肯定会有很大的改善。

现在我们来剖析一个二十八岁的男子所做的梦。这个梦的情节有如发烧时的体温曲线一样，大起大落、峰回路转，非常清晰地揭示出了做梦者在现实生活中的真实想法。我们在这个梦里一眼就能看出，这个男子很自卑，对权力和优越感的渴求也非常强烈。他的梦境是这样的："我和一大群人在旅行。因为这次旅行所要乘坐的那条船太小了，所以我们必须在中途的一个站点下船，并且还要在那个小镇上过夜。到了晚上，有消息说我们的船要沉了，所有参加这次旅行的人都被叫到船上去用水泵抽水，以防船彻底沉没。我想起我的行李中有一些贵重物品，于是就冲上了船。这时，所有人都已经在水泵那里抽水。可我想避开这个活儿，便去找行李舱。后来我成功地从窗口拿出了我的旅行包，同时还看到了一个铅笔刀。我对这个铅笔刀的喜爱程度仅次于我的旅行包，所以就把它放进了包里。这时，船沉得越来越快，我就和一个熟人跳下了船。我跳进了海里，然后游上了岸。那个码头特别高，我只能沿着码头继续走，来到了一处陡峭的悬崖边。我必须从这里下去，于是只好顺着悬崖往下滑。至于那个同伴，自打跳下船以后我就再也没看到他。我往下滑得越来越快，心里非常害怕，怕自己会摔死。最后，我终于到了山脚，正好落在一个人面前，这个小伙子我好像不认识，但看着眼熟。他正在罢工，和罢工者一起默默地站着。我觉得他很亲切，但他用责备的语气问我：'你在这里干吗呢？'好像他知道我在沉船的时候弃大家于不顾似的。我想逃离这个深谷，但四面都是悬崖峭壁。崖顶上倒是垂下来一些绳子，可我又不敢用这些绳子爬上去，因为它们太细了。我用尽一切办法，费了九牛二虎之力试图爬出深谷，但一次又一次地摔了回去。最终我确实到达了山顶，但不清楚自己是怎么上去的。或许是我故意不想梦到这一部分情节吧，所以不耐烦地跳过了这一段。悬崖边上有一条小路，靠着悬崖的这一面围着一道篱笆墙，路上有人来来往往，都友好地朝我打招呼。"

这个男子回忆起过去的生活经历时，我们听到的第一件事情是他五岁以前一直重病缠身，在那之后也总是小病不断。由于他体弱多病，所以父母对他悉心呵护、百般宠爱。他很少和其他孩子来往，而当他想和成年人接触时，父母总是告诫他，小孩子应该待在大人看得见的地方乖乖玩耍，少插嘴，更不要碍手碍脚，因为小孩子毕竟不是大人。结果，他从很小的时候起就失去了融入社会的机会，能接触到的人只有他的父母。更严重的后果是，他各方面的表现都远不如同龄人，而且怎么也赶不上。此外，正如我们所推测的那样，同龄人都把他当成傻瓜，当成可以嘲弄的对象。可想而知，在这种情况下，他想交到朋友简直比登天还难。

在环境的影响下，他变得极端自卑。他的教育是由父母全权负责的。父亲心肠很好，但性情暴躁、专制霸道；母亲弱不禁风，但并不善解人意，而是非常专横。虽然父母苦口婆心，反复强调他们是多么爱他，多么为他好，但他所受的教育非常严厉。他在成长过程中备受打击，非常沮丧。他在很小的时候经历过一件非常奇怪的事情，至今还记忆犹新。当时他才三岁，母亲就让他在一堆豌豆上跪了半个小时，理由是他不听话。然而，他为什么不听话，母亲其实很清楚，因为他早就跟她说过他害怕外面的一个马夫，所以才不愿意出门帮她跑腿办事。他平时很少挨打，但父母真要打他时，就会用一条编得很密的打狗鞭来抽打他，而且打完之后还要让他恳求宽恕，并说出挨打的原因。对此，他父亲的解释是："孩子应当知道自己到底做错了什么事。"有一次，他无缘无故地挨打，并且说不出自己挨打的原因，结果又被打了一顿。他只好胡乱承认了一些别的错事，父亲这才停了手。

从很小的时候起，他就对父母怀有深深的敌意。他的自卑感发展到了非常严重的地步，以至于他从来不敢想象自己会有出人头地的一天。他的学校生活与家庭生活一样，都是由一连串大大小小的失败组成的。

十八岁之前，他在学校一直是他人取笑的对象，有一次甚至连老师也取笑他。老师在班上读了他的一篇差作文，一边读还一边奚落他。

他所遭遇的种种不幸使他越来越不愿意和他人接触，这样下去的话，他迟早会主动脱离社会。在和父母周旋的过程中，他偶然发现了一个行之有效但需要付出极大代价的反击办法，那就是拒绝开口说话。语言是将一个人和外部世界紧密联系在一起的纽带，而他拒绝说话无疑就等于主动松开了这个纽带。他不和任何人说话，并陷入完全孤立的境地。即使所有人都误解他，他也不同任何人说话，尤其是不和父母说话，结果最后也就没有人愿意搭理他了。他本有机会融入社会，但是他所做的努力全都没有起作用。后来他也尝试和女生恋爱，但每次都失败，让他颇为伤心。这就是他二十八岁以前的人生经历。深深的自卑情结隐藏在他的心灵深处，并且激发出了一种不可理喻的野心、一种不可遏制地对显赫与优越的强烈渴求，而这一切在不断地扭曲并吞噬他的社会感。他说得越少，内心对胜利和成功的渴求就越多。不管是白天还是黑夜，他所想的全是各式各样的飞黄腾达和功成名就。

于是，一天晚上他就做了我们前面所讲述的那个梦。在这个梦里，我们清楚地看到了他的一举一动。在梦中，他的行为模式和他的心灵发展非常吻合。在总结这个病人的梦之前，我们先来回忆一下西塞罗曾讲过的一个梦，这是文学史上最著名的预言梦之一。

诗人西摩尼得斯（Simonides）有一次在街上看到了一具身份不明的尸体，他妥善处理好尸体，并把尸体体面地埋葬了。后来，在他即将出海远行之际，那个死人的幽灵警告他说，如果他这次乘船出行就会葬身海底。结果，西摩尼得斯放弃了出海远行的计划，而其他去的人则全部罹难了。据传，在以后的几百年间，人们一直对这个与梦有关的沉船事件印象深刻、念念不忘。

在解读这个梦之前，我们首先要弄明白一个问题，那就是在那个年代，出海的船只经常失事，因此许多人在出海前夕都可能会梦到沉船事件。和其他与沉船有关的梦相比，这个一直流传于后世的梦显得极其独特，它表现了梦境和现实之间的特殊巧合，而且还是如此惊人的巧合。可以想见，那些热衷于探究神秘梦境的人对这类故事一定特别偏爱。我们对这个梦做了非常冷静而清醒的分析，具体如下。由于相当在意自己的生命安全，我们的诗人很可能对那次旅行并不是特别渴望。因此，即使到了他必须决定是否要出海的时候，他仍然举棋不定，于是便不得不为自己的犹豫不决找一个正当理由。他想到了自己曾体面安葬过那个曝尸路边的人，亡灵必然对自己心怀感激，因此让这个死人扮演预言者的角色最合适不过。这样一来，他不随船出海的理由就成立了。当然，假如那艘船并没有葬身海底，那么世人就不可能知道这个梦以及这个故事了，因为能让人们记住的，能流传后世的，往往都是那些能令人们的心灵受到冲击的事情，是那些蕴藏着无穷智慧的事情，是那些人们做梦都想象不到的事情。总之，只要相信一个人的梦境和他在现实生活中的人生态度是一致的，我们就能理解梦为什么会具有预言功能了。

还有一个事实也是我们必须注意的，那就是，梦不是那么轻易就能被解释清楚的。事实上，能解释清楚的梦只有极少的一部分而已。我们做完梦立即就会忘记；即便能记住，也很难弄清楚其中所隐含的意义，除非我们擅长解梦。可话又说回来了，梦也只不过是个体行动及行为模式的一种象征性或隐喻性表现罢了。比喻或象征的主要意义在于它们可以让我们进入某种我们迫切想进入的情境。如果我们正专注于解决某个问题，或者我们的内心已经知道解决问题的方向，那我们需要做的就只是寻找一个强大的力量来推动我们进入解决问题的状态。做梦就是实现这个状态的一个极佳选择，因为它在强化某种情感或者创造解决问题所需要的驱动力方面极其有效。尽管做梦者对梦的原理一无所知，但梦和现实的联系终归是事实。他只要能找到某种形式的素材和驱动力就够了，剩下的就由梦来完成。梦的内容实际上就是做梦者的思考路径，所以它才会隐秘地表现出做梦者的行为模式。举个例子，梦就像是一缕轻烟，可以告诉我们某处在燃烧；有经验的伐木工人不但能观察到烟，而且还能根据烟的状况判断出是哪种树在燃烧。同样的道理，经验丰富的心理医生也能通过分析梦境总结出一个人的性格。

总而言之，梦不但表明做梦者在集中精力解决自己的某个人生问题，也表明他是如何处理这个问题的。需要特别指出的是，影响做梦者与外部世界之间关系的因素有两个，即社会感和对权力的追求，这两个因素也会在梦中清楚地体现出来。

6.天资

在那些有助于对个体做出评价的精神现象当中，还有一个现象我们尚未谈及，那就是智力。每个个体都会对自己做出评价，但是这种评价对我们来说意义不大。因为每个人都会犯错误，且每个人都或多或少会使出一些复杂的利己手段、道德手段或别的什么手段来粉饰自己在他人心目中的形象。不过有一件事我们还是可以做的，那就是把某些特定的思维过程以及语言表达作为切入点，进而研究个体的人格特征。当然，这一方法只适用于有限的范围。要想对个体做出正确的评价，我们不能忽略他的思想和话语。

我们所说的天资，指的是一个人在进行各种判断时所表现出的特殊能力。天资是无数研究、分析和测验的对象，其中最有名的就是对儿童和成年人所做的智力测验，也就是人们所说的天资测验。然而，迄今为止，这些测验的结果都不尽如人意。每次学生接受测验，结果往往都会表明，即便不使用测验，老师也能轻而易举地得出同样的结论。最初，实验心理学家觉得智力测验是一项很了不起的发明，但同时他们也很清楚，这类测验在一定程度上来说是多余的。针对智力测验还有一种质疑，即儿童的思维和判断能力的发展是不稳定、不规则的，因此，许多测验成绩不佳的儿童在几年之后可能会突然表现出超常的发展态势和才能。还有一个因素必须注意，那就是来自大城市或某些社会圈子的儿童，其生活范围相对而言更为广阔，因此他们对这些测验也会有更充分的准备。这些儿童在测验中会得到相对较高的智商值，但这些结果可能带有欺骗性。虽然这些测验结果不大靠得住，但足以令其他准备没有这么充分的儿童相形见绌、黯然失色。众所周知，八至十岁的儿童，倘若出身于富裕家庭，往往要比穷人家的同龄孩子机敏得多。但这并不意味着有钱人的孩子就天资更高，只能说明孩子成长的环境会影响天资的表现。

到目前为止，我们在智力测验方面并未取得多大的进展。事情很明显，在柏林和汉堡的测验中，我们看到了非常令人遗憾的结果：很多智力测验成绩较高的儿童在后来的学习中却表现欠佳。这一结果证明，智力测验的结果并不能保证儿童未来的健康发展。相反，个体心理学的实验倒是能够经得起更多的考验，因为它的主旨并不是确定某项能力的发展程度，而是为了了解那些潜藏于儿童发展过程中的积极因素。此外，如果有需要，这些研究还能让儿童学会正确的矫正方法。总之，个体心理学有个一以贯之的原则，那就是绝不将儿童的思维判断能力从整体精神活动中分离出来，而是要和别的精神活动联系起来分析判断。

第七章

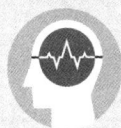

性别

洞察人性

UNDERSTANDING
HUMAN
NATURE

1. 两性差异与劳动分工

从前面的讨论中我们认识到，主导个体一切精神活动的不外乎两大因素，即个体的社会感和个体对权力及支配地位的追求。这两大因素影响着个体的一举一动，决定着个体将以何种态度去追寻安全感，去面对人生的三大挑战：爱情、工作和社会。如果想要深入了解人类的内心，那么在判断任何一种心理活动的时候，我们都必须综合考量这两个因素的量和质，因为这两个因素之间的关系决定了个体能够在多大程度上理解社会生活规律，同时也决定了个体能够在多大程度上接受社会生活所必需的劳动分工。

劳动分工是维系人类社会所必不可少的一个要素。无论身处何时何地，每个人都必须做自己该做的事，尽自己的本分。人若是不愿意尽自己的本分，或者否认社会生活的价值，就会成为一个反社会的人，会拒绝融入社会，会放弃与他人的同伴关系。那些利己主义者、喜欢恶作剧的人、以自我为中心的人以及喜欢惹是生非的人都属于这类人。除此之外，更复杂一些的是那些行为怪癖的人、流浪者和罪犯。大家之所以谴责这类人所表现出的性格特征，是因为看透了这些性格特征的本质，觉得它们与社会生活格格不入。由此可见，**一个人的价值既取决于他对别人的态度，也取决于他在社会生活所必需的劳动分工中的参与程度**。假如他对社会生活持肯定态度，那就会成为对其他人而言有重要意义的人，会成为庞大的社会链条中不可或缺的一个环节。这个社会链条绝不能被打乱，否则人类社会的秩序必将受到干扰。一个人在人类社会中处于什么样的位置是由他所拥有的能力决定的，这本来是一个不言而喻的真理，但被蒙上了令人费解的面纱，因为对权力和支配地位的渴望与追求已经使人们形成了错误的观念，早已渗入并影响了正常的劳动分工。对支配地位的追求不仅会扰乱并妨碍人类的整个劳动过程，而且还会让人们在做出价值判断时犯根本性的错误。

有些人会拒绝履行他们该履行的义务，拒绝尽他们该尽的本分，这样一来，劳动分工无疑会被打乱。还有一些人会为了自己的个人野心和权力欲望而妨碍公共生活与社会工作，为正常的劳动分工制造重重障碍。人类的许多矛盾和纷争都是由社会中存在的阶级差别造成的。为了维护个人权力，保护自身经济利益，某些有权有势的人会利用自己的力量占据所有的好位置，进而将其他阶层的人排斥在外。就这样，阶级差别影响并阻碍了正常的劳动分工。只要我们认识到社会结构中存在着诸多对劳动分工有害的因素，我们便能理解为什么劳动分工从来都很难顺利进行。那些不断破坏劳动分工的力量，在让某些人得到特权的同时，注定会让另一些人处于被奴役的状态。

　　人类的两性差别是决定社会劳动分工的另一个重要因素。由于体格上的差异，女性往往会被某些活动拒之门外，反之，某些工作也不可能让男性去做，因为男性更适合干其他工作。这种劳动分工应当根据完全不带偏见的标准来制定，而且所有的妇女解放运动，即使在最冲突最激烈的时候，也不会否认这一观点的合理性。这是因为，劳动分工绝不是要剥夺妇女的女性权利，也不是要破坏男女之间的自然关系，而是要让男女双方都有机会去做最适合自己的工作。在人类的发展进程中，性别差异造成的劳动分工由来已久。很早以前，女性就开始承担部分社会工作（在某些情形下男性也有可能承担这些工作），而作为交换，男性在劳动分工中的定位是为了更好地运用自身的力量。总而言之，只要能做到人尽其才、不浪费劳动力，只要人的体力和脑力没有用到错误的地方上，我们就不能说这种劳动分工毫无价值。

2.男性在当今社会中的支配地位

由于人类文化朝着个人权力的方向发展，特别是这种发展方向受到社会上某些个人和阶层的左右，他们拼命想维护自己的特权，导致人类社会的劳动分工有了阶级特征，影响着我们的整个文明。

这又导致一个结果，那就是男性在当今社会中的重要性得到了极度的强调。这样的劳动分工使得男性成为特权阶层，拥有特殊权利，拥有对女性的支配权。于是乎，男性便有了独特优势，能指挥女性工作，能轻轻松松地避开自己不愿意干的那些事情，能永远拥有舒适怡人的生活。

目前的情形是，男性千方百计地想要维持对女性的支配地位，而女性对男性的统治则心存不满。由于两性之间有着密切的联系，可想而知，这种持续的紧张必然会导致心理失衡，严重的话甚至还会造成身体障碍，最终给两性都带来极大的痛苦。

人类所有的制度体系、传统观念、法律道德以及传统习俗，无不在证明一个事实：所有这一切均是由享有特权的男性来决定并维护的，目的就是保持其至高无上的支配地位。这种思想深入每一个学校，影响了每一个儿童。尽管儿童并不了解这些社会关系，但我们必须承认，他们的思想感情肯定会受到这些社会关系的影响。这样的例子比比皆是。如果我们要求一个男孩穿上女孩的衣服，他很可能会怒不可遏。倘若一个孩子对权力的渴求非常强烈，那他肯定会表现出对男性特权的崇拜，会意识到男性身份可以随时随地保证他能高人一等。之前的章节曾讨论过一个观点，即当今的家庭教育过于强调对权力的追求，容易使儿童形成维护并夸大男性特权的倾向。更何况，家庭中代表权力的一方通常都是父亲，因而与母亲的关心照料相比，父亲看似不可捉摸的行踪更能引起儿童的兴趣。儿童很快会意识到父亲在家里的重要地位，留意父亲如何掌控家庭生活的节奏，如何安排家里的大小事务，以及如何在所有场合中都能表现出一家之主的姿态。除此之外，他们还发现家里所有的人都会服从父亲的指挥，母亲也总要征询父亲的意见。总之无论从哪个角度来看，父亲似乎都是一个强有力的角色。因此不难想象，有的孩子会将父亲视为榜样，他们相信父亲所说的一切都是真理。在论述自己的观点时，他们也总会说"父亲讲过"。即使在父权影响并不是那么明显的环境下，儿童也能意识到父亲的支配作用，因为父亲是家里的顶梁柱，他肩负着全家的重担。由此可见，父亲之所以能在家庭中充分使用自己的权力，完全是劳动分工的结果。

论起男性支配地位的起源，大家务必注意一个事实，即此现象绝不是自然产生的。为了保证男性支配地位的合法性，人类制定了各种各样的法律，这足以证明男性的支配地位是人为造成的。同时也说明在男性支配地位得到法律保护之前，必然有一些时间里男性是没有这么多特权的。历史证明这种情况在母系社会确实存在过。那时，在生活中扮演重要角色的是母亲，是女人，对儿童来说更是如此。并且，尊重母亲的崇高地位是部落中每个男子的义务。时至今日，某些民族的习俗和语言习惯仍然保留着这一古老制度的一些痕迹，比如，将陌生男子介绍给儿童时所用的称呼为"uncle"或"cousin"。从母系社会过渡到男权社会的过程肯定是一场恶战。有些男人一直以为他们拥有特权和优先权是天经地义的，因此让他们知道男性并非天生就享有特权，让他们明白他们的支配地位是通过一系列艰苦斗争争取来的，那他们肯定会大吃一惊，觉得不可思议。自从男性获得社会的主导地位之后，女性的社会地位就开始下降，从各种法律的制定就可以看出这种地位的变化。

男性的支配地位并不是与生俱来的，有证据表明，这其实主要是原始部落之间不断征战的结果。每当部落之间发生冲突的时候，男性的战斗能力便会得到充分发挥。他们作为勇士，地位变得越来越高，最终他们利用这种新获取的有利条件来巩固自己的主导地位，达到自己的目的。在男性的地位变得越来越重要的同时，财产权和继承权也逐渐转移到男性手中。就这样，男性的主导权得到确认，男性也成了财产拥有者。

儿童在成长过程中自然而然会认识到这一点，根本不需要从外界获得相关知识。虽然不了解任何考古学知识，但他们凭感觉就能知道男性是家庭中享有特权的成员。即使父母的观念非常具有进步性，提倡人人平等，并刻意消除长期以来根深蒂固的男性特权的影响，儿童还是会认识到男性的特殊地位。想让儿童明白忙于家务的母亲其实和父亲同等重要，是件困难的事情。

如果一个孩子从小就认识到男性拥有显著的特权，那么请想一想，这对他会产生什么样的影响？众所周知，父母一般都更喜欢生男孩，所以从出生之日起男孩就比女孩更受欢迎。在这样的成长环境中，男孩时时刻刻都会感觉到，自己与父亲一样是男性，享有某些特权并且具有更高的社会价值。男孩也能从人们的无心之语中听出这样一个事实：和女性相比，男性更为重要。

生活中的一些现象也会不断加深儿童的印象，让儿童更加相信男性处于支配地位。比如，人们大多是雇佣女仆而非男仆来做卑微琐碎的家务工作；还有，绝大多数女性都不相信自己能与男性拥有同等的权利。假如女性在结婚前问未来的丈夫这样一个问题："对于男性的支配地位，特别是在家庭生活中所占据的支配地位，你怎么看？"想必大部分男性都不会回答这个问题。我们发现，女性在男女地位方面的想法是有分歧的：有些女性渴望男女平等，有些则在不同程度上打消了追求男女平等的念头。与此相反，男性从孩提时期起就坚信，自己作为男人要扮演更为重要的角色，这是自己与生俱来的责任。如此一来，他们就会特别关注那些有利于维护男性特权的人生挑战和社会挑战。

儿童从小就会意识到男女地位的差别。在这样的成长环境中，儿童可以从各个角度了解女性的地位，并且认为绝大部分女性都卑微而可怜。这样的话，男孩在成长的时候就会带上鲜明的男性色彩，他们会努力追求权力，会把男性特质和男性态度作为自己的奋斗目标。权力可以称得上是培养男性品质的基础，也让我们清楚地了解男性地位的起源。很多人认为，有些性格特征是男性特有的，另一些则是女性特有的。可是，这样划分人的性格特征的做法本身是没有任何根据的。如果比较一下男孩和女孩的心理状态，似乎可以找到一些证据来支持这样的分类，但实际上这些所谓的证据全都是人为造成的，因为我们的调查对象早已进入了各自的成长轨道，他们的生活方式和行为模式早已受到特定权力观的限制，就连他们的奋斗目标也都是这种权力观强行赋予他们的。**划分男性性格特征和女性性格特征这一做法本身是毫无根据的。我们看到不论是男性性格还是女性性格，当中都有对权力的追求。**换言之，人们可以通过恭顺和服从等所谓的"女性"性格特征来表达对权力的追求。一个孩子如果很听话，那么相比不听话的孩子，自然更能得到大人的关注，虽然不管孩子是听话还是不听话，其目的都是追求权力。总之，追求权力的方式非常复杂，致使我们在探索人类精神活动的时候会遇到很多困难。

在成长过程中，男孩会逐渐将维护自己的男性身份当成一项重大责任。这让他们野心勃勃，越来越渴望获得权力和优越地位，甚至坚信这样做就是在体现其男子气概。对许多渴求权力的男孩来说，仅仅认识到自己的男性身份是远远不够的，他们还需要证明自己是个真正的男子汉，而最好的证明方式便是获取特权。为了达到这一目的，他们一方面要出类拔萃，超越他人以彰显自己的男性气概；另一方面，他们还需要尽可能地在女性面前表现出一副横行霸道、颐指气使的姿态。根据自己所遇到的抵触程度，男孩会采用不同的手段来达到目的，要么是顽固而粗野地逞强，要么是巧妙而狡猾地耍心眼儿。

如果整个社会对人的价值的衡量标准都是由享有特权的男性来决定的，那么即便是小男孩也无法回避这样的标准。他们会根据这个标准来观察、评价自己，看看自己的行为是否像个"男子汉"，自己是不是一个"大丈夫"。我们所谓的"男子气概"在今天似乎已经成为一种共识，但它实际上只不过是一种自私自利的东西，用来满足男性的自恋心理。男子气概包括许多看似"积极"的性格特征，如拥有勇气、力量和责任感，无往不胜（尤其是战胜女人），对地位、荣誉、头衔的追求以及坚决排斥所谓的"女性"倾向，等等。这些性格特征足以令人产生一种优越于他人或凌驾于他人之上的感觉。拥有支配权也是男子气概的一种体现，因此，为了赢得个人的优越地位，人们一直都在坚持不懈地奋斗着。

由此可见，每个男孩的性格特征都源自他在成年男性身上，特别是父亲身上所看到的一切。男孩性格的形成都是由人为原因造成的。追求显赫的权力，钟爱人为制造的幻象，乃是人类社会的普遍现象。从很小的时候起，男孩就受到各种各样的激励，要为自己争取权力和特权。这就是所谓的"男子气概"。倘若朝着坏的方向发展，这种男子气概便会堕落为粗鲁和野蛮。

在以上种种情况下，只要身为男性便能得到各种好处，这无疑非常有诱惑力。因此，我们不难理解为什么有那么多女孩梦想着成为男孩，尽管这种梦想都不可能实现。我们也不难理解为什么她们喜欢以男子气概来衡量自身的行为，为什么她们的行动那么像男孩子。似乎在我们的社会中，每个女人都想成为男人！想成为男孩的女孩往往有一种无法遏制的愿望：在更适合于男孩体格的游戏和活动中大展身手。她们喜欢爬树，更愿意同男孩一起玩。她们将一切"该女人去做"的事视为耻辱，避之唯恐不及。只有置身于那些充满男子气概的活动中，她们才能获得满足感和优越感。只要知道对优势地位的追求不是体现在生活活动中，而是体现在事物的象征意义上，那么女孩身上这种对男性气概的渴求其实不难理解。

3.所谓的女性劣势

　　为了证明自己的支配地位是合情合理的，男性不仅一直声称自己的地位是与生俱来的，而且还会说这一切都是由女性自身的劣势造成的。女性有劣势这一观念极为普遍，似乎已经成为所有民族的共同认知。不过反过来想想，竭力贬低女性不正说明男性内心的紧张不安吗？男性心中久久不能平复的不安情绪可能早在反抗母系社会的斗争中就已经出现，因为那时候女性确实让男性提心吊胆、心神难安。文学作品和历史文献中经常会出现这类描述。一位拉丁作家写道："女人使男人神魂颠倒。"在神学中，女人是否有灵魂是一个被经常讨论的问题。还有许多学术论文也探讨了女人究竟是不是真的属于人类这一问题。人类曾经对女巫实施过长达一个世纪之久的迫害，这是男性对女性的偏见的一个极端体现。在那个早已被遗忘的年代，人们对女性的认识完全是混乱而不确定的。

女性常常被视为罪恶之源，这在《圣经》中的原罪说以及荷马的《伊利亚特》中都可以看到。海伦的故事说明，一个女人能给整个民族带来灭顶之灾。无数的传说和童话都描述了女人的道德败坏、邪恶虚伪、朝三暮四、水性杨花。"像女人一样愚蠢"这类说法甚至在法律论辩中都会出现。在这种偏见的影响下，女性的能力、勤奋和才华必然会遭到贬低。不管是在文学作品还是各个民族的语言习惯中，都有许多形象化的比喻、逸闻趣事、格言以及笑话是用来批评和贬低女性的。人们经常会咒骂女人，比如最毒妇人心、小心眼儿、头发长见识短等。

对女性的贬低有时候会到异常尖锐的程度。有一些男性，如斯特林堡（Strindberg）、默比乌斯（Moebius）、叔本华（Schopenhauer）和魏宁格（Weininger），他们就对女性抱有极大的偏见。还有相当多女性也认同这类观点，她们听天由命，相信女性天生就低人一等。这些人最推崇的观点就是女性需要顺从。对女性的贬低还体现在对女性劳动价值的贬低上，也就是说，即便所做的工作同等重要，女性得到的报酬总低于男性。

在对智力测验的结果做了比较之后，我们发现在某些特定的学科上，比如数学，男孩确实比较有天分，而女孩的天分则体现在另外一些学科上，比如语言。对于那些能够培养男孩去从事男性职业的学科，男孩的确表现出了较高天分，但这不过是一种表面现象。如果更深入地研究一下女孩的真实处境，我们就会发现所谓的女性天生能力低下纯粹是无稽之谈。

在生活中，一个女孩每天都可能听到女子不如男、女人只适合做一些不怎么重要的琐碎小事之类的话。久而久之，她就会逐渐相信女人的命运注定如此，不可改变。再加上从小缺乏必要的培养和训练，她迟早会认为自己的确没什么能力。她自然就会因此失去斗志，变得灰心丧气，一旦碰到所谓的"适合男性"的工作，她就会先入为主，觉得自己没必要对这类工作感兴趣。即便她真的感兴趣，这种兴趣也会很快消退。于是乎，无论是从内在的心理准备来看，还是从外在的能力准备来看，她都自动放弃了。

如此看来，女性能力低下似乎成了无可争议的事实。其实这谬论的背后有两个原因。第一，我们通常是从纯粹的事业发展角度或者从片面和自我的角度对一个人的价值进行评判的，在此偏见的影响下，我们几乎无法弄清人的表现和能力在多大程度上与精神发展有关。这就将我们引向了第二个原因，所谓女人的能力不如男人也许就是源于这一点。生活中有一个现象很容易被人忽略，那就是女孩一来到世上，就会听到各种对女性的偏见，因而日渐不相信自我的价值，失去信心及想有所作为的愿望。假如女孩看到社会中都是女性扮演屈从角色，那么就会被这种偏见深深影响，最终丧失勇气，无法直面自己的职责，进而无法独立解决自己的人生问题。这样一来，她们就可能变得一无是处。但是，如果我们可以打击一个人的自尊和自信，使他万念俱灰，从而对自己能有所作为不抱任何幻想，变得一无是处，那我们又怎能保证自己所做的一切都是正确的呢？我们难道不应该承认他的痛苦正是由我们一手造成的吗？

在我们的文明中，女孩很容易丧失勇气和自信。实际上，有个智力测验曾经证实过这样一个有趣的现象：测验对象是一组年龄在十四到十八岁之间的女孩，测验结果表明她们的才华和能力比其他男女混合的小组都要高。而进一步的调查研究表明，在这些女孩的家庭中，母亲要么是唯一养家糊口的人，要么就是承担了相当一部分养家任务。这意味着在这些女孩所处的家庭环境中，并不存在有关女性能力低下的偏见；即便有，程度也非常轻。这些女孩亲眼看到了母亲的辛勤劳动是如何得到回报的，这样一来，她们成长时就能更加自由、更加独立，不会轻易受女性能力低下这一观念的影响，也不会受到太多的束缚。

还有一个证据也可以用来批驳对女性的偏见：已经有相当多女性在许多领域获得了卓越成就，特别是在文学、艺术、工艺和医学领域。她们的成就完全可以与同领域的男性相媲美。而与此同时，平庸的男性也随处可见，他们不但碌碌无为，而且能力奇差无比。在这种情况下，我们可以轻而易举地找到同样多的证据来说低劣的不是女性，而是男性。

贬低女性的价值必然会导致一个严重后果，那就是我们会按照一种固定的模式对各种观念进行非黑即白的分类。比如，一说到男性，我们就会联想到有价值、强有力、成功和能干等品质，而一说到女性，我们就会将其视为听话、顺从和附属物的同义词。这种思维模式在人类的思想观念中根深蒂固，以至于人类文明中一切可赞扬的事物全都带上了"男性"色彩，而那些没有价值或粗制滥造的事物则被贴上了"女性"

标签。对一个男人的最大侮辱莫过于说他"像个娘儿们"，但如果说一个女孩像个男的，却无伤大雅。甚至有人会说一切跟女性有关的事物都是低劣的。

　　通过深入研究我们发现，有些女性之所以会有某些所谓的"低劣"表现，其实是因为她们的精神发展遇到了某种障碍。人类社会有一个特点，即它无法保证让每个孩子都成为有才华的人，但很容易把孩子变成没有才华的人。万幸的是，我们从来没有刻意埋没人才，不过我们知道，有些人在埋没人才方面做得实在是太"成功"了。这样就不难理解，在我们这个时代，比起男孩，女孩往往会遭受更多的压制。但尽管如此，我们还是会经常看到某些"没有才华"的儿童突然之间才华横溢起来。

4. 逃避女性身份

　　男性在社会中占据了显著的优势地位，毫无疑问，对女性角色普遍的不满已经造成了女性精神发展失调的结果。女性精神生活的活动轨迹和规则同那些由于受到束缚而怀有强烈自卑感的人极为相似，而对女性的偏见使问题变得更严重、更复杂了。在这种情况下，有相当多的女孩会找到某种补偿形式，但她们通常都会将之归功于自己的性格和智慧，有时也会归功于自己所获得的某些特权。这一点恰恰说明，一个错误出现后，其他错误就会接踵而至，因为尽管某些女性所拥有的这些特权可以使她们摆脱某些责任和义务的束缚，尽管这些特权称得上是一种奢侈的享受，但它们所提供的优势只不过是一种假象而已。这些女性貌似得到了很大程度的尊重，其实不然。"尊重女性"的说法实际上含有一定的理想主义成分，可这理想最终只是男性按照自己的利益需求打造出来的。关于这个问题，乔治·桑的见解可谓一针见血，她曾经说过这样一句话："女人的美德乃是男人的绝妙发明。"

一般来说，反抗女性身份的人可以分为两类：一类我们之前已经简单讲过，就是那些积极地朝着"男性化"方向发展的女性。这类女性一般都精力充沛、雄心勃勃，坚持不懈地为美好的人生而奋斗着，并且一心想超过自己的兄弟或其他男性伙伴，因而她们会选择参加那些通常被视为专属于男性的活动，会对运动之类的事更感兴趣。在爱情和婚姻问题上，她们一般采取逃避态度，因为一旦建立这种关系，她们就会想方设法地胜过丈夫，破坏爱情和婚姻的和谐。她们极其讨厌做家务，所以要么公然表达自己对家务的厌恶，要么采用迂回的办法来推卸责任，比如总是试图证明自己没有做家务的天分。

这类女性其实是在用"男性化"的方式来补偿男性优势给自己带来的冲击，她们的基本策略就是抵制女性身份。人们通常称她们为"假小子"或"男人婆"。当然，这类称谓其实是基于错误的概念。有许多人认为，这类女性之所以作风"男性化"，是因为她们身上有一种先天性因子，有某种"男性"物质或分泌物在作祟。然而，纵观整个人类文明史我们会发现，女性之所以反抗，是因为社会曾经对她们施加了太多令人难以忍受的压力，而且时至今日这种压力依然存在。如果女性的反抗是以我们所谓的"男性化"方式表现出来的，其实很容易理解，因为人类只有两种性别，人必须在这两者中择其一而从之：要么做一个理想的女人，要么做一个理想的男人。由此可见，要想逃避女性身份，"男性化"作风便是唯一的选择，反之亦然。所以说，女性"男性化"并不是某些神秘分泌物作用的结果，而是因为在人类社会这个有限的时空里没有其他的可能性。如果不能保证女性和男性的地位平等，那么也就无法指望女性能其乐融融地适应生活、适应社会。

第二类女性终其一生都抱着听天由命的态度，对自身处境表现出令人难以置信的适应，她们逆来顺受、谦恭卑微。不过，表面上看起来她们处处都能适应，实际上这只是极度无能的一种表现，因此她们最终也不会有多大的作为。她们有可能出现神经性症状，变得更加柔弱无助，从而让别人相信她们确实需要更多的关怀。她们还会以此为借口，说自己之所以不能适应社会生活，是因为这种精神疾病在不断干扰她们所受的教育和生活方式。她们觉得自己是世界上最好的人，但不幸的是她们体弱多病，所以不能尽如人意地去迎接人生的挑战。事实上，她们的屈从、谦卑以及自我压抑在本质上与第一类女性一样，都是反抗女性身份的一种表现形式。这种反抗形式的意思非常明确，就好像是她们在抗议："我的生活毫无幸福可言！"

严格说来还有第三类女性。这类女性并不拒绝女性身份，但她们意识到自己注定低人一等，注定要在生活中扮演从属角色，因此倍感痛苦。她们完全相信女性天生低人一等的说法，同样也相信只有男性才是注定要在生活中干出一番事业的人，于是她们便认可了男性的特权地位，加入了为男性高唱赞歌的队伍，赞美男性是实干家，是成功人士，并要求给男性以特殊的地位。她们毫不遮掩地表现出自己的柔弱，希望所有人都能认识到她们的无助，这样她们便能得到更多的帮助。然而，她们的这种态度实际上是在酝酿一场持久的斗争。她们经常会把"这种事都是男人去做"之类的话挂在嘴边，这样她们不仅发泄了自己的不满，而且还轻描淡写地将婚姻的全部责任都推到丈夫身上。

尽管女性被视为低男人一等，但她们却承担着家庭教育的重任。下面我们来讨论上述三类女性是如何对待这个最重要、最艰难的任务的，同时也借此机会进一步明确区分这三类女性。第一类女性，即具有"男性化"特征的女性，对待孩子往往专横粗暴，动辄体罚，给孩子施加很大的压力，因而孩子会想尽办法逃避她们。这种教育方式即便能奏效，也只能算是一种没多大意义的军事训练。而在孩子的心目中，这样的母亲毫无疑问是非常糟糕的教育者。她们喋喋不休，蛮横无理。她们的教育方式总是很难达到预期的效果，甚至还可能引发一系列危险的后果，比如：女儿或许会受到刺激效仿她们；儿子则可能会受到惊吓，终其一生都被这种恐惧困扰。在这类母亲的教育下长大的男孩，往往会竭力躲避女性，不相信任何一个女人，因为他们的内心深处似乎总是萦绕着难以消除的恐惧。如此一来，两性之间自然就会出现明显的隔阂和疏远。患有这类精神问题的病人很容易辨别。还有一些研究者声称这是"雄性激素和雌性激素比例失调"的结果，不过他们的说法很难令人信服。

另外两类女性同样也无法胜任教育孩子的任务。她们对自己太缺乏信心，孩子很容易就发现她们不自信，于是不听她们的管教。这时，她们可能会更加努力，会唠唠叨叨或不断训斥，并威胁说要去告诉孩子的父亲。而她们求助于父亲的举动再次暴露出她们不够自信的毛病，也表明她们也不确定自己是否能教育好孩子。她们其实是想逃避教育任务，她们认为只有男人才能胜任教育孩子的任务，教育离不开男人。这样的女性通常不大可能在孩子的教育问题上费心劳神，她们会毫不在乎地把教育孩子的责任推给丈夫和家庭教师，因为她们总觉得自己并不擅长做这件事。

有些女性会以所谓的"高尚"理由来逃避生活，事实上，这种行为明显体现出她们对女性身份的极度不满。修女或其他由于工作所需而单身不婚的女性即属此类，这种决绝的姿态表明她们对自己的女性身份并不认同。与此类似的是，许多女孩很早就踏入了职场，她们觉得工作就像是一张保护网，可以使她们保持一定的独立性，还可以使她们免受婚姻的胁迫。由此可见，女性做出这种选择的动力同样是出于对女性身份的厌恶。

倘若这样的女性结了婚，我们是否能说她们是自愿要扮演女性角色呢？答案很清楚，结婚并不一定就意味着女性已然认可自己的性别角色。有一位三十六岁的女士可以说是这方面的典型例子。这位女士去就诊，告诉医生说自己有各种各样的神经性病症。她是家里最大的孩子，父亲在年事已高时娶了她母亲。母亲非常骄横，年轻貌美，却嫁给了一个老头。从这件事我们推测，在她父母的婚姻中肯定存在着对女性角色厌恶的成分。她父母的婚姻并不美满。母亲整天大呼小叫，不惜一切代价让家里的其他人服从她的意志，也不管别人高兴不高兴。年迈的父亲在所有事情上都被逼得毫无还手之力。这位女士说，母亲甚至不让父亲躺在沙发上休息。总之，母亲所做的一切就是强行实施一套她中意的"治家之道"，并让这套"治家之道"成为家中的绝对律法。

我们的病人从小就是一个能干的姑娘，父亲非常宠爱她。相反，母亲则对她处处不满意，总是挑她的小毛病。后来她弟弟出生了，母亲极为偏爱弟弟，于是她和母亲之间的关系恶化到了令她难以忍受的地步。这个小姑娘意识到父亲是自己的靠山，因为不管父亲在别的事情上是如何忍气吞声，但当女儿的利益受到威胁时，他总能挺身而出保护女儿。就这样，女儿开始打心眼里憎恨自己的母亲了。

这对母女之间的冲突非常激烈，女儿的攻击目标就是母亲的洁癖。母亲的洁癖严重到了病态的地步，甚至要求女仆在碰过门把手后必须擦干净。可是，女儿偏要邋邋遢遢地到处走，并且一有机会就把家里弄得乱七八糟，这样做似乎能让她获得一种特别的快感。

她的性格特征和母亲所期待的完全相反，这显然证实了性格来自遗传的说法是不正确的。如果孩子形成的性格特征几乎都是为了把母亲气得半死，那么这些性格特征的背后肯定隐藏着一个有意识或无意识的计划。这对母女之间的敌意一直持续到今天，那种不共戴天的仇恨感常人简直无法想象。

她八岁的时候，家里的情形是这样的：父亲永远站在女儿这边，母亲则成天摆出一副苦脸，尖刻而严厉地推行自己那套"治家之道"，并且还不断地责骂女儿。心怀怨恨的女儿毫不示弱，总是用异常刻薄的话挖苦、打击母亲。后来，弟弟患了心脏瓣膜病，使家里的情形变得更复杂了。弟弟是母亲的心肝宝贝，一向备受宠爱，而他的病使母亲对他更加关心和溺爱了。我们可以看到，这个家庭中的父亲和母亲对待孩子的方式一直是对立的，而我们的病人正是在这样的环境中长大的。

接下来，她突然患上了紧张不安的毛病，谁也不清楚为什么会这样。其实她之所以得这种病，原因就在于她念念不忘要与母亲作对，她的内心因纠结于各种恶毒的念头而备受煎熬，结果她就觉得自己处处受阻。后来，她突然狂热地信奉起了宗教，但这并未使情况有所好转。又过了一段时间，她的那些恶毒念头消失了。大家认为她之所以好转完全是因为药物治疗起了作用，但事实上更可能是因为她母亲碍于她的病而不得不收敛自己。但她的病留下了一个后遗症，那就是她非常害怕打雷和闪电。

那时她还小，认为打雷闪电完全是因为她心眼太坏，总有一天她会被雷电劈死，因为她竟然对母亲怀有如此恶毒的想法。由此可见，当时她是多么想摆脱自己对母亲的怨恨。她一天天地长大、成熟，锦绣前程仿佛就在不远处向她招手。她的一位老师曾说："这孩子只要想干什么，就一定能干成。"此评价对她产生了很大的影响。尽管老师的这番话可能只是随口说说，对她而言却意味着"只要我愿意，我就能干出一番大事来"。意识到这一点之后，她与母亲的斗争就更加激烈了。

到了青春期，她出落成了一个美丽的少女。到了适婚年龄，她也有许多追求者，但所有的恋情都被她的尖酸刻薄毁掉了。她曾经喜欢过一个男人，这个男人就住在她家附近，年龄比她大许多。大家都害怕有一天她会嫁给那个人，但不久那人就搬走了，而她却留了下来。就这样，一直到二十六岁她都没有遇到一个求婚者。这在她的圈子里非常罕见，但究竟为什么她会落得这样一个结局却没人能说清楚，因为大家并不了解她的成长经历。从童年时期开始，她就一直和母亲进行着艰苦而激烈的斗争，因而养成了动辄吵架的毛病，这一点很令人头疼。对她来说，只要能挑起事端、惹是生非，那便是一种胜利；而母亲的所作所为又总是在激怒她，她只好一次又一次地去寻求新的胜利。她最大的幸福莫过于激烈的唇枪舌剑，这样她的虚荣心才能得到满足。此外，她渴望通过唇枪舌剑打败对手，这也充分说明她的行事风格很"男性化"。

她二十六岁的时候结识了一位受人尊敬的男士。这个人并没有被她的好斗性格吓跑，反倒是百折不挠、热切殷勤地讨好她。他对她百依百顺，于是亲戚们纷纷给她施加压力，让她嫁给这个人。但她反复解释说，和这个人在一起自己并不快乐，所以从未想过要嫁给他。不过，抗拒了两年之后，她最终还是嫁给了这个男人，因为她坚信，这个男人已经成了她的奴隶，她可以随心所欲地摆布他。由此可见，她一直暗自希望这个男人最好是她父亲的一个翻版，能够像她父亲那样对她百依百顺、有求必应。

然而，她很快就发现自己嫁错人了。结婚没几天，她丈夫就像个甩手掌柜一样，开始舒舒服服地坐在房间里，一边抽烟斗，一边翻报纸。他早晨离家去上班，下班后准时回家吃饭，倘若饭菜没准备好，他就会嘟嘟囔囔地抱怨几句。他觉得做妻子的要整洁、温柔、守时，还立下了各种各样的规矩，但是她觉得很不合理并且根本不打算遵守。很显然，她和丈夫的关系与她和父亲的关系简直毫无共性可言。就这样，她的梦想破灭了。她要求得越多，丈夫就越是不肯顺着她；而丈夫越想让她做好家庭主妇的工作，她就越是置之不理。每天一有机会她就提醒丈夫，说他其实没权利提出这些要求，而且她还明确地告诉丈夫自己不喜欢他。丈夫对此却无动于衷，仍旧不断地向她提出各种要求。这让她感到婚姻的前途暗淡、幸福渺茫。这个本分正直的男人追求她的时候是那么百依百顺，而一把她弄到手，昔日的温顺谦卑便一下子消失得无影无踪了。

后来，她做了母亲，可是这并没有使她和丈夫之间的关系有所好转，反而给她增添了不可推卸的新责任。与此同时，由于她母亲一直竭力维护女婿，所以她和母亲的关系也越来越糟。在家里，她和丈夫的冲突接连不断，充满了火药味。时间一长，丈夫有时难免会愤怒，表现得非常粗暴，这让她更有理由抱怨了。造成她丈夫如此失态的直接原因无疑就是她那令人难以接近的秉性，而她之所以令人难以接近，则是因为她不认同自己的女性身份，她以为自己可以永远扮演女王的角色，悠悠闲闲地享受生活，身边还跟着一个能满足自己所有愿望的奴隶。在她看来，只有这样，才算是生活，才有意义。

现在她能做些什么呢？和丈夫离婚，然后回到母亲身边宣布自己的失败吗？但现实情况是，她没办法自食其力，独立生活，因为在这方面她一点准备都没有。而且，对既骄傲又虚荣的她来说，离婚无疑是一种侮辱。现在的生活于她而言真是一片茫茫苦海，一边是丈夫的批评指责，另一边是凶巴巴的母亲喋喋不休地劝她要讲卫生、爱整洁。

可是突然之间，她竟然变得爱干净了！她整天又是洗又是擦又是打扫房间，似乎终于明白了事理，接受了母亲的教诲。一开始，看到她倒垃圾、整理房间、打扫橱柜，母亲也是喜笑颜开，丈夫也为事态有所好转而开心不已。她全身心地投入到家务当中，不停地洗呀擦呀，把家里收拾得纤尘不染，谁影响打扰她，她都会不高兴。然而，她爱干净的热情却打扰到了别人，假如有人碰了她洗干净的东西，她便会再去洗一遍，而且还只能由她亲自来洗。

事实上，无休止的洗洗刷刷乃是一种病态。这种病态常见于那些不满意自身性别的女性，她们这样做就是想通过完美的讲卫生的品德来抬高自己，来证明自己比那些不怎么做家务的人优秀。虽然不是刻意为之，但她们的干劲确实可以把整个家庭搅得鸡犬不宁。没有多少家庭能比这类女性的家庭更加不得安宁了。她们的目标不是窗明几净，而是要把整个家搅得天翻地覆。

某些貌似恪守女性职责的行为只不过是表象而已，这样的例子在生活中并不少见。我们的这位病人没有女性朋友，和谁的关系都不好，不懂得为别人着想，而这一切都和我们对她的推测相吻合。

今后，我们有必要找到更好的方式来教育女孩，让她们有更充分的准备，能更好地适应生活。然而，即便是生活环境非常好，女性也可能无法与自己的生活达成和解，就像上述那个病例一样。当今社会，所谓的女性低人一等是受法律和传统保护的，尽管任何懂心理学的人都会否认这一点。因此，我们必须时刻保持警醒，以识别并制止这方面的错误行为。这样做倒不是因为我们对女性的尊重夸大到了病态的地步，而是因为现有的这种错误态度已经扰乱了我们的社会生活秩序。

借此机会我们来讨论一下另一种贬低女性的说法，即所谓的"危险年龄"，这指的是女人大约五十岁的这段时期。在这个年龄段，女性的某些性格特征会更加突出；与此同时，女性也会经历一个重大的生理变化——绝经。对一个女人而言，绝经意味着痛苦的日子已经来临，意味着她将永远失去自己耗尽一生心血辛辛苦苦建立起来的那点重要意义。在这种情况下，她的身份和地位似乎没有从前那么稳固了，于是她必然要加倍努力去寻求一切有助于维持原有身份和地位的手段。遗憾的是，人类文明有一个主导性原则，那就是当下适用的才是有价值的。因此，所有上了年纪的人，特别是日渐衰老的女性，日子都不大好过。彻底否定老年女性的价值不仅会对她们造成很大的伤害，同时也会影响到我们每一个人，毕竟人不能每天都靠回忆自己往日的荣耀过日子。当一个人的力量和行动能力在不可挽回地衰退时，他在年富力强时所创造的一切成就仍旧应该被视为他的价值所在。仅仅因为一个人老了，就将他完全排除在社会的精神和物质生活之外，这是不对的。而对女性来说，这无疑就是一种贬低和奴役。试想，当一个花季少女想到自己未来必然要经历这个无奈的人生阶段时，她将多么担忧、多么郁闷！所以说，女性到了五十岁绝不意味着毫无价值，一个人的荣誉和价值绝不能随着年龄的变化而有所改变，这一点必须得到保证。

5. 两性之间的紧张关系

歧视女性的种种不幸现象是由我们的错误观念所造成的。如果我们的文明染上了偏见的污斑，这种偏见便会蔓延到社会的各个角落，会在各个方面体现出来。认为女性低人一等，其言下之意是男性高人一等，这一谬论一直以来都在干扰着正常的两性关系。结果所有的情爱关系都因此陷入了非同寻常的紧张状态，两性之间的幸福不仅被这种紧张状态影响威胁，甚至还经常会因之遭到彻底终结。我们的爱情生活就是这样遭到玷污、歪曲和腐蚀的。正是由于这个原因，美满和谐的婚姻才如此少见，才会有那么多儿童长大后会觉得婚姻是无比艰难、无比危险的一件事。

对女性的偏见在很大程度上妨碍了儿童对生活的理解，使他们难以充分认识到人生的全貌。试问，有多少女孩把婚姻看作逃避生活的一个紧急出口？又有多少男女把婚姻视为一种不可避免的不幸？在今天，由两性间的紧张关系所衍生出来的问题已是铺天盖地，随处可见。女性越是想逃避社会强加在她身上的女性角色，男性便越渴望扮演他们的特权角色（尽管这种做法毫无道理可言），如此下去，问题便会越来越多、越来越棘手。

要想让人真心诚意地认同自己的性别角色，让两性关系真正达到平衡和谐的状态，那就要建立平等的伙伴关系。**在两性关系中一个人依附于另一个人，犹如国际关系中一个国家屈从于另一个国家，可是没有哪个国家愿意永远屈居人下**。我们都要正确对待自己和伴侣的性别角色，这样才不会给伴侣造成困扰。因此，我们每个人都应该严肃而认真地思考这个问题，好好想想如何才能建立平等的伙伴关系。两性关系不但必不可少，而且影响广泛，因为这是我们每个人都必须经历的。可今天，所有的儿童都被迫接受了一种轻视和否定异性的行为模式，这无疑使两性关系变得更加复杂了。

当然，倘若能心平气和地给予儿童正确的教育，这些问题肯定能够得到妥善解决。可是，当今社会生活节奏太快，整个社会太浮躁，真正经过检验和证实的教育方式又太少，并且无论身处何时何地，我们总要面临无数竞争，甚至在托儿所时也不能幸免。这些负面因素已经让我们的整体人生趋势固定下来。许多人在面对爱情时会害怕、退缩，归根到底，这也是由性别偏见造成的。在性别偏见的影响下，男性随时随地都想展示其阳刚的一面，为了达到这一目的，纵使背信弃义、使坏心眼儿或者诉诸武力，也在所不惜。

毋庸置疑，这样做肯定会让自己变得不再真诚和值得信任，从而无法维系爱情。唐璜（Don Juan）就是这样一个男人，他因为对自己的男子气概缺乏信心，所以要靠不断征服女性来证明自己。两性之间普遍存在的不信任，使得伴侣间很难开诚布公、坦诚相待。结果就是整个人类也会因此蒙受损失。此外，过分强调男子气概就意味着无休止的挑战、刺激和躁动不安，这样的男性自然会养成虚荣、自负以及摆特权架子等不良习惯。总之，所有这一切都与健康和谐的社会生活背道而驰。由此可见，我们没有理由反对妇女解放运动，我们的责任就是支持女性去争取自由和平等，因为女性必须认同自己的女性身份，这是两性关系的问题能得到妥善解决的先决条件，也是人类能获得幸福的先决条件。

6.改革的尝试

在为改善两性关系而采取的所有措施当中，男女同校制是最重要的一项。这项教育制度迄今为止^①尚未得到普遍认同，有人反对，也有人支持。支持者坚信，通过男女同校，男性和女性就有机会早早开始互相了解；而两性只要彼此增进了解，就能在一定程度上避免种种偏见及其所引发的灾难性后果。反对者则认为，早在入学之前男孩和女孩的差别就已经非常明显了，男女同校的结果只能是扩大双方的差别。因为这个时期女孩的心理发展要比男孩快得多，这肯定会给男孩造成相当大的压力，而男孩本来以为维护自己的特权并证明自己比女孩能干乃是他们的天职，此时他们却突然意识到，原来自己的特权只不过是个一触即破的泡沫而已。还有一些研究者也认为，在男女同校的教育模式中，男孩在女孩面前会显得紧张不安，自尊心也会受到打击。

① 这里指阿德勒生活的年代，即十九世纪末二十世纪初。

毋庸置疑，这些观点都有一定的道理。但它们毫无例外都是以两性竞争为前提的，认为男生和女生总是要一较高下，看谁更有能力，更有才华。倘若连老师和学生都认为男女同校制的真正意义就在于鼓励男女竞争，那么这项教育制度肯定会造成许多不好的影响。其实，男女同校制的目标是培养男性和女性的合作精神，是为了帮男孩和女孩做好准备，以便他们日后能在社会工作中和谐相处。倘若教师不能认清这一点，那么男女同校制就失去了应有的意义，无论怎么做都会以失败告终。如果是这样的话，反对男女同校的人当然就有更充分的理由，他们会更加肯定自己的观点是正确的。

关于两性之间的种种不平衡，只有才华横溢的诗人才能用自己的才思做一番详细而精彩的描述。而我们只要能把其中的要点讲解清楚就已经很知足了。大家都知道，处于青春期的女孩，其言谈举止常常让人觉得她们认为自己低人一等。这一点其实同我们前面讲过的身体缺陷所造成的自卑感类似，都是在追求一种补偿。不过二者之间还是有一个很重要的区别，那就是女孩相信自己低人一等的看法是由环境强加给她们的。在歧视女性的社会环境下，女孩会身不由己地形成这样一种行为模式，她们的表现有时甚至会使极富洞察力的研究者产生误解，以为她们果真低人一等。总而言之，女性低人一等是一种错误认识，往往会造成这样的后果：无论是男性还是女性，都急功近利地追求地位和权力，都争着抢着要扮演并不适合自己的角色。那么最终的结果又会怎样呢？答案是，人类的生活将越来越混乱，再也无法坦诚相待。人会陷入种种的谬误和偏见之中无法自拔，到最后只会抹杀获得幸福的一切希望。

第八章

家庭系统排列

我们时常提醒大家要注意这样一个原则：对一个人做出判断之前，必须先了解他的成长环境。成长环境中有个非常重要的因素，那就是儿童在家庭中的地位。通常来说，只要时刻牢记这个原则，再掌握一定的专业知识，我们就能明确区分出各种不同类型的人，并且还能看出人的一些其他特征，比如某个人是家里最大的孩子、最小的孩子还是唯一的孩子等。

　　人们一直以来似乎都很清楚，家里最小的孩子比较特殊。无数的神话故事、传奇故事和《圣经》中的故事都证实了这一点，它们关于最小的孩子的描述看上去相差无几。事实上，一个家中最小的孩子的成长环境确实与其他孩子大不相同。在父母眼中，他与众不同，总是对他付出最精心的照顾。他不仅年龄最小，且通常身形也最小，因此显然是最需要帮助的。他的兄弟姐妹比他成熟得早，在他还很弱小的时候，就已经具备一定的独立能力。正因此，他一般是在一种比较温馨的氛围中长大的。

　　如此一来，他就会形成一系列对他的人生态度产生显著影响的性格特征，从而使他成为一个与众不同的人。有一个看似与我们的理论相矛盾的情况需要特别指出，即儿童一般都不愿意做最弱小的那一个，也不愿意做不受人信赖的那一个。在这种想法的刺激下，一个孩子通常会拼命证明他什么都能做，会毫不掩饰地暴露出他对权力的强烈渴望。我们发现，最小的孩子通常都有一种想要战胜所有人的强烈欲望，只有成为最好的，他们才会感到满足。

这种类型的孩子并不少见。有一些最小的孩子会超过其他家庭成员，成为家里最能干的人。还有一些则没这么幸运，虽然他们同样怀有超越他人的欲望，但在兄弟姐妹那里受挫后，他们便丧失了必要的行动力和自信心。假如不能胜过兄弟姐妹，最小的孩子往往会逃避自己的责任，变得胆小怯懦，不断地找借口推卸责任。不过，与此同时他们的野心并没有消减，只是换了一种表现形式而已。他们会从现有的处境中挣脱出来，在人生必要问题之外的某些活动中满足自己的欲望，这样一来，他们便能巧妙地掩盖自己的弱点，不必暴露出自己的真实能力。

毫无疑问，大家都能看得出来，这类孩子的表现给人的感觉是他们被冷落了，内心潜藏着深深的自卑感。的确，我们在研究过程中总能看到怀有这种自卑感的人，并能根据这种痛苦的情绪推断出一个人心灵发展的特征和风格。从自卑感的角度来看，最小的孩子与天生有身体缺陷的孩子有些类似。对他们而言，感觉到了什么并不重要，自己身上发生了什么以及自己是否真的低人一等也不重要，重要的是他们如何理解自己的境遇。我们非常清楚，在孩提时期是极易犯错的，儿童在面临许许多多的问题和可能性时，会得出各种不同的结果。

那么教育者应该做些什么呢？是否应该通过激发儿童的虚荣心来增强其积极性呢？是否应该不断地敦促儿童努力奋斗、争取第一呢？不，这样做对人生而言其实是一种收效甚微的应对。经验告诉我们，是否第一并没有那么重要。更好的做法是强调其反面，即强调名列前茅或独占鳌头是无关紧要的。对那些成绩一直名列前茅，但其他方面毫无长处的人，我们早已司空见惯。历史和经验都充分表明，幸福绝不仅仅是名列前茅或出人头地。只给儿童灌输争当第一的思想会使他们变得片面，尤其是会使他们失去和别人建立友好伙伴关系的机会。

倘若我们的教育只关注如何鼓励儿童争当第一，最先造成的后果便是儿童会变得只顾自己，成天担心别人超过自己。这类儿童的内心深藏着对同伴的羡慕、嫉妒、恨，生怕别人会威胁自己的地位。他们就像加速器，拼命要超过其他人；或者说他们像是马拉松赛跑者，心中充满了强烈的竞争意识。所有这一切在他们的整体行为中暴露无遗，尤其会表现在一些生活细节上，比如总爱走在队伍前头，不能容忍任何人走在自己前面，等等。当然，假如你尚未学会如何根据人的各种表现来判断其性格特征，那么你一般很难注意到这样的生活细节。

极具竞争意识可以视为最小的孩子的典型性格特征，当然也不乏例外。我们发现，在最小的孩子当中，有一些人积极能干，远远超出其他家庭成员，甚至还会成为全家的救星。想想《圣经》中的约瑟，他就是这方面的范例之一。人类历史上存在不少类似这样的故事，这些故事对我们的研究来说是非常有利的辅助性证据，就像是过去的历史有意要告诉我们一切似的。由此可见，我们完全有必要设法找回那些遗落在时间长河中的珍贵资料。

还有一类儿童也很常见，他们可以说是从第一类儿童中衍生出来的一个分支。试想一下一个马拉松选手遇到了一个他认为自己无法逾越的障碍的情景。他定然会设法避开障碍，绕道而行。同样的情形也会出现在这类儿童身上——当他们遇到困难的时候，就会丧失勇气，变成所谓的懦夫。他们会远离人生战场，一切奋斗似乎都成了他们生命中不能承受之重；他们会成为彻头彻尾的"借口高手"，不愿意做任何有用的事情，只是一味地虚度光阴。如此一来，一旦遇到实际冲突，他们必败无疑。我们发现，这类儿童通常会小心翼翼地为自己寻觅不需要面对任何竞争的活动领域；此外，他们还习惯于为自己的失败找借口。他们可能会辩解说自己太弱小、太娇生惯养，或者说是兄弟姐妹阻碍了自己的发展。如果他们的确有生理缺陷，那他们的命运可能会变得更加悲惨，因为在这种情况下，他们会更加理直气壮地利用身体不便这一借口来为自己的逃避行为进行辩解。

以上所说的两类人一般都很难交到朋友。在这个注重竞争的世界上，第一类人或许会过得更好一些，因为他们通常以牺牲别人为代价来维护自身的心理平衡；第二类人则一直处于自卑感的重压下，由于难以适应生活，他们在有生之年都饱受痛苦。

家中长子一般也有非常鲜明的性格特征。他们有绝佳的地位优势，这对他们的心灵成长大有裨益。历史证明，长子的地位确实极有优势。在许多民族或阶层中，长子的有利地位早已成为传统。比如，对欧洲的农夫来说，长子无疑从小就清楚自己的地位，并明确知道自己终有一天将接管农场，这样他们当然会觉得自己的地位要比家里其他孩子优越得多，而其他孩子也十分清楚，他们在某个时候必须离开父亲的农场。在其他一些社会阶层中，人们也普遍认为长子有一天将成为一家之主。甚至在这一传统尚未成型的阶层中，比如小布尔乔亚或无产者家庭，人们通常也认为长子具有足够的能力和常识，可以成为父母的好帮手。不难想象，被寄予厚望并被委以重任，这对一个孩子来说是多么可贵，他很可能会因此而形成类似这样的想法："我更高大、更强壮、更年长，所以我也一定比其他人更聪明！"

假如他在这方面的发展一路畅通无阻，那他就会成为规则和秩序的维护者。这类人一般把权力看得特别重——这里指的不光是他们自己的个人权力，还包括他们的权力观。对家中长子来说，权力本身是一个有分量的、必须受到尊重的东西，而自己拥有权力则是一件无须解释、理所当然的事情。因此毫不奇怪，这类人一定是特别保守的人。

家里第二大的孩子争取权力的方式也有其特别之处。他们一直处于压力之下，于是总是鼓足干劲，想要争取优势。这种竞争态度决定了他们的人生轨迹，他们的行为中均表现出明显的争强好胜的倾向。第二大的孩子所面临的现实是，家里已经有一个人在他们前面获得了权力，这无疑是一种强烈的刺激。如果他们能够发展自己的能力，并与家中长子展开竞争，他们通常会斗志昂扬地勇往直前。与此同时，拥有权力的长子本以为自己的地位相对安全，但他们逐渐就会感受到来自家中老二赶超的威胁。

《圣经》中关于以扫和雅各的故事对此有着非常生动的描述。在这个故事中，兄弟俩进行着残酷的斗争，他们争的并不全是实际的权力，更多是象征权力的那些东西。在类似的事例中，斗争都是接连不断的，一直持续到老二达到目的战胜长子才停止。当然，老二也有可能失败，而失败者则大多会表现出某种形式的神经性病症。老二的态度类似于穷人的仇富心理，他们之所以有这样的表现，是因为他们总觉得自己被小看、被忽视了。此外，他们可能会把目标定得过高，追求那些只是转瞬即逝、毫无意义的幻象，而非真真切切的现实生活，这使得他们内心躁动不安、饱受折磨。

至于独生子女，他们当然很清楚自己的特殊处境。他们从各种各样的教育手段中受益，可以说，父母在这件事情上别无选择，只能把全部的教育热忱都投注在自己唯一的孩子身上。如此一来，他们就容易养成极大的依赖性，总等着别人给自己指路，总想寻求他人的帮助。他们一生都被人娇惯，不习惯面对任何困难，因为别人已经为他们清除了人生道路上的所有障碍。由于一直都是大家关注的焦点，他们很容易产生这样一种感觉，即自己非常重要。如此一来，他们的处境其实很危险，犯错也是在所难免的。可以肯定的是，如果父母能认识到这一点，那么还是可以避免许多危险的，但不管怎么说这都是一个棘手的问题。

独生子女的父母一般对孩子格外操心，他们因为自身经历过许多危险，所以对孩子呵护备至，生怕孩子受委屈。然而，孩子却往往将父母的关心和告诫当成压力，时间一长，父母那无休无止的嘘寒问暖只会让他们不耐烦，觉得这个世界对自己充满了敌意。面对困难，他们常常心生恐惧、手足无措，因为他们只品尝到了生活的甜蜜和快乐。每当需要独立行动的时候，他们都会碰壁，随之在生活中成为无用之人，人生航船也因此搁浅。他们就像寄生虫一样，无所事事，养尊处优，处处让别人为他们操劳。

家中如果有几个兄弟姐妹的话，那么无论是同性之间还是异性之间，都有可能出现互相竞争的情况。这种情形比较复杂，我们很难对其中的每个孩子都做出精确的评价，因此，我们在此着重讨论的只是一个家庭中有若干女儿和一个儿子的情形。在这类家庭中，女性影响占主导地位，唯一的男孩则被推到了不引人注意的地方，倘若他是最小的孩子，那就更是如此了。这个男孩会发现自己身处一群女人的包围之中，孤军作战，很难得到认同。他在各个方面都受到威胁，从来没有切实感受到人类社会的男性文明赋予每个男人的特权。于是，持久的不安全感以及缺乏自我评价的能力就成了他最显著的性格特征。他还可能屈服于家中女性的胁迫，觉得男性不像女性那样有地位、受尊崇。这会带来两种发展倾向，要么轻易地失去勇气和自信，要么在环境的刺激下奋起努力、取得成就。这类孩子最终会发展成什么样，主要取决于他们所处的环境。

综上所述，我们认为儿童在家庭中的地位可能会塑造或影响他们与生俱来的所有本能、取向、才能等诸如此类的东西。有人说性格和才能是遗传得来的，但我们的研究证明，这种说法不仅毫无道理可言，而且对教育工作来说有百害而无一利。当然，遗传的影响力在某些情况下可能会很明显，比如，在一个完全脱离父母长大的孩子身上，仍然可能会出现某些"家族"特征。我们之前曾讨论过遗传性身体缺陷是如何导致某些儿童朝着错误方向发展的，如果大家还记得那是怎么回事的话，这里所讲的遗传问题就更好理解了。假如有一个孩子生来体弱，这很容易让他在面对人生和环境的种种要求时产生紧张感；而假如他父亲也有类似的天生毛病，并且在面对人生时也有类似的紧张感，那么毫无疑问，人们很可能就会将犯类似错误、有类似性格特征的父子和遗传联系起来。从这个角度来看，性格来自遗传的理论似乎确实没多大说服力。

由此我们完全可以断定，不管儿童在成长过程中受到什么样的错误影响，其最严重的后果均是由他们强烈的欲望导致的，即凌驾于同伴之上以及寻求更多能使自己超越同伴的个人权力的欲望。可以说，在人类社会中，儿童已经形成这样一个固定的发展模式。如果想阻止这种错误的倾向，就必须了解儿童在成长中会遇到哪些障碍，并且要弄明白这些障碍究竟有什么意义。要想克服这些障碍，唯一有效的办法就是培养他们的社会感。若能成功地让他们发展出社会感，这些障碍就不足为惧。然而，在我们的文化中，社会感极少有机会得到发展，因此儿童遭遇重重障碍是在所难免的。倘若能认识到这一点，我们就能更容易地理解某些现象。比如，为什么有些人一生都在为自己的生活而奋斗，而还有一些人则会将生活看作无边苦海？不难理解，这些人都是权力欲望的牺牲品，正是在这种强烈欲望的刺激下，他们渐渐形成了错误的人生态度。

在评价他人的时候，我们还是要抱着谦逊的态度。尤其需要注意的是，我们必须避免做任何道德评价或对一个人的道德观做评价。相反，我们必须让我们所掌握的心理学知识产生社会价值，必须满怀同情地对待误入歧途的人，因为我们比他们自己更了解他们的内心世界。这样一来，我们在教育方面就会有新的突破，就能洞悉错误产生的真正源头，从而改变现状。此外，通过分析一个人的精神结构和成长过程，我们不仅能了解他的过去，还能够推测他的未来。可见，个体心理学确实能够让我们对人的本质真正有所了解。在我们看来，人绝不是模糊的轮廓，而是有血有肉的个体。这样一来，我们对一个人的社会价值会理解得更深刻、更有意义。

卷二

性格研究

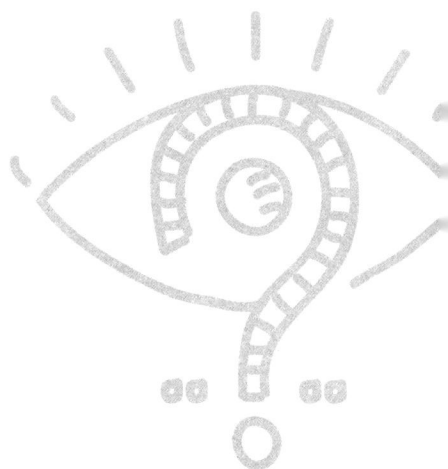

第一章

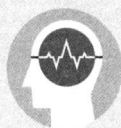

总论

洞　察　人　性

UNDERSTANDING
HUMAN
NATURE

1. 性格的本质与起源

我们所称的性格特征，是指个体在试图适应所处环境时展现的某种特定表达方式。性格特征是一个社会性概念，只有当我们思考个体与他所处环境的关系时，我们才能谈论其性格特征。鲁滨孙·克鲁索（Robinson Crusoe）到底具有何种性格特征，这种思考是毫无意义的。性格作为一种心理态度，是个体与自身所处环境打交道时展现出的特质和本质。性格还是一种行为模式，用于表达个体在发展社会感时对自身价值的追求。

追求优越、追求权力和征服他人，是引导绝大多数人行为的最终目标。这种目标改变着人们的世界观和行为模式，并将个体的各种心理表达导向特定的渠道。所以，性格特征只是个体的生活方式和行为模式的外在表现。它能让我们从整体上了解个体对待环境、对待同伴、对待所处社会以及生存挑战的态度。性格特征也是整体人格为了获得认可和价值所运用的工具和手段，其在人格中的地位等同于用于生存的一种"技巧"。

与大多数人所认为的相反，性格既不来自遗传，也并非与生俱来。人们应当把它当作一种类似生存模式的存在，它让每个人在任何情况下都能不假思索地生存并且展现个性。换言之，**性格特征并非遗传或者上天所赐，而是人们在为了维持某种特定生活习惯的过程中习得的**。例如，一个孩子很懒惰，但他不是生来就懒惰，而是他认为懒惰是最适合让自己的人生过得更舒适的手段，与此同时，懒惰还可以让他维持自身的优越感。这个孩子的懒惰，还能在一定程度上体现他追求权力的态度和方式。再比如，有一类人特别愿意让他人注意到自己的某种先天缺陷，如此一来，就算遭遇失败，他们也能保全自己的面子。这种"内省"的最终结果，往往都会变成这样："要是没有这种缺陷的话，我将把我的天赋发挥得淋漓尽致。但不幸的是，我有这种缺陷！"还有一类人往往会因为不受控制地寻求权力，从而与所处环境冲突不断，进而形成某种权力表达形式以应付这场斗争，比如野心、嫉妒、不信任等。我们认为，虽然这些性格与人格并无明显区分，但它们既非遗传所得，也并非无法改变。进一步观察研究表明，这些性格对个体的行为模式是十分必要且适合的，也正是在这种行为模式的基础上，性格特征才得以产生，而且人往往在幼年时期就已经形成性格特征。不过它们并非首要因素，而是次要因素，其诱因是人格当中的隐性目标。所以，我们在评判某种性格特征之前，必须先弄清楚这一目标的诱因是什么。

让我们回顾一下先前的解释，在这些解释中，我们已经说明个体的生活方式、举止、行为、世界观均与其目标紧密相关。假如一个人心中没有某种明确的目标，那么他就既无法思考，也无法行动。这一目标早就潜藏于儿童心灵的最深处，并且从出生开始就一直引导着他们的精神发展。这种目标既给儿童的人生赋予了模式和特性，也是以下事实得以成立的原因：每个人都是一个特殊而独立的整体，不同于所有人，因为他的所有行为和他在生活中所有的表达，都指向一个共同而独特的目标。倘若认识到这一点，我们就能明白，一旦了解一个人的目标和行为模式，无论他正在做什么，我们总是能看清他的本质。

就心理现象和性格特征而言，遗传所起的作用相对较小。这是因为没有任何与现实相关的论据可以支持性格具有遗传性这一说法。不过，倘若研究个体精神生活中的任何一种特定现象，我们都可以追溯到他的人生初期，一切似乎又确实是遗传所得。**同一家族、民族或者种族的人之所以具有某些共同的性格特征，其中的原因其实很简单：这些性格特征源自人们的模仿或者彼此认同。** 在肉体和精神生活中确实存在某些现实、特性、表达或形式，这些在我们的文明中对所有青少年都具有特殊意义。它们的共同特点，就是刺激青少年模仿。因此，求知欲有时会以一种渴望去看的形式表达出来，这就可能会让视觉器官有缺陷的儿童形成好奇心重的性格特征，而这种性格特征其实是没有必要的。倘若这类儿童的行为模式需要的话，那么这种相同的求知欲可能会发展成另一种完全不同的性格特征。这类儿童还可能会通过研究一切事物，把它们拆开或者分成碎片，来获得满足感。在另一种情况下，这类儿童也可能会变成书呆子。

我们可以用大致相同的方式，来分析有听力障碍的人对外部世界的不信任感。在我们的社会当中，他们面临着一种极大的危险，并且会以一种更为敏锐的注意力来感受那种危险。不仅如此，他们也容易遭受嘲笑和贬低，并且经常被人当成残疾人。这些都是让他们发展出不信任感的重要因素。既然有听说障碍的人感受不到生活中的乐趣，那么他们对这些乐事怀有敌意就不足为奇了。但是，认为他们天性多疑的假设是没有根据的。同样，认为犯罪性格是天生的也十分荒谬。对于那种认为一个家庭会出现多个罪犯的观点，我们可以有力地反驳：在这类家庭长大的孩子受错误的传统、世界观和榜样影响，在小时候就被大人灌输偷盗等行为也是一种谋生手段的观点。

渴望获得认可的性格特征也是如此。每个孩子在各自的人生中都会面临诸多阻碍，因此他们在成长过程中肯定都有过某种形式的价值追求。这种追求价值的形式是因人而异的，并且每个人都会用自己的方式去看待个人价值问题。儿童在性格特征上与父母相似这一观点，可以通过下述事实来解释：儿童在追求个人价值的过程中，会把那些在他们所处环境中已经很重要并且获得别人尊重的人当作榜样。每一代人都会以这种方式向前人学习，并且在追求权力的过程中面对那些最困难和最复杂的局面时，也会坚持并且践行他们所学到的东西。

追求优越是一种隐性的目标。社会情感的存在阻碍了这一目标公然地发展，从而导致它只能在暗中发展，并且把自己隐藏在一种友好的面具之后。然而，我们必须重申，假如我们人类能更好地理解彼此，那么这种目标就不会如此明目张胆地发展起来。假如我们对彼此有更进一步的了解，每个人都能更有洞察力，更能透彻地看出同伴的性格，那么我们不但能够更好地保护好自己，同时还会让别人难以表达出自己对权力的追求，使他们得不偿失。在这种情况下，这种隐藏的权力追求就会消失殆尽。因此，倘若我们更密切地研究人与世界的联系，并利用我们已经取得的实验成果，那我们必然会获得满意的成绩。

我们生活在如此复杂的文化环境之下，所以要接受适当的人生教育是十分困难的。人们一直缺少培养心理敏锐度的那种最重要的手段。直到现在，学校的主要作用都是把生硬的知识摆在儿童的面前，任由他们按照自身能力或者意愿去吸收，而没有专门激发他们的学习兴趣。但即使是这种学校，数量也少得可怜。理解人性最重要的一个前提在很大程度上被人们忽视了。我们在老式的那种学校当中，学会了衡量人的标准。在那里，我们学会了区分善恶、明辨是非。而我们没有学会的，就是如何改正我们的观念，这样的后果是，我们把这种缺陷带到了生活中，并且在它的影响下费力地生活至今。

作为成年人，我们仍在使用儿时习得的偏见与谬误，就好像它们是神圣的法律一样。我们仍然还没有意识到，自己已经陷入我们那种复杂文化所带来的混乱当中。我们也没有意识到，自己已经接纳那些认识事物本质的观点，而这些观点其实是不可能帮助我们真正认识事物本质的。归根结底，我们都是从增强个人自尊的角度来解释每件事，为的是获得更多的权力。

2. 社会感对性格发展的重要性

除了权力追求之外，社会感是个体性格形成最重要的影响因素。正如价值追求一样，社会感源于儿童对精神倾向的表达，尤其是对交流与关爱的渴望。我们已经了解培养社会感的种种条件，在此我们简单回忆一下。社会感会受到个体自卑感及对权力追求的补偿行为的影响。人类很容易产生各种自卑情结，而在人类精神生活的发展过程中，对补偿、安全感与完整感的渴望，从自卑感出现的那一刻起就存在了，其目的是在生活中获得宁静和幸福。那些我们必须在儿童面前恪守的行为准则，源于我们对儿童自卑感的认识。这些准则可以归结为一种警告，告诫我们不能让儿童的生活太痛苦，而且必须防止他们过快地了解生活的阴暗面。不仅如此，我们还必须赋予儿童体验快乐人生的可能性。但考虑到不同家庭的经济条件，我们不能要求所有家庭都遵循这一行为准则。不幸的是，孩子经常在不必要的痛苦环境中成长。有些误解、贫穷和匮乏的现象本是可以避免的。此外，生理缺陷也在其中发挥着重要的作用，因为它们让儿童无法以正常的态度面对生活，并认为自己需要各种特殊权力和特别法则来维持自身的生存。可即便是完全掌握了这些道理，我们也不可能防止此类事情的发生：这些儿童仍然会觉得人生过得并不愉快，而这反过来又会导致一种更严重的情形，那就是他们社会感的扭曲。

我们只有把社会感作为标准，并以此来衡量一个人的思想和行为，才能评判一个人。之所以必须坚持这一立场，是因为人类社会当中的每一个人，都必须维护这个社会的关联性。这种关联性，或多或少让我们清晰地认识到自身对他人负担着怎样的责任。我们都身处人类社会当中，并且受社会生活规律所支配。这一点决定了我们需要某种已知的标准来评判我们的同伴。衡量人类价值的唯一普适标准是人的社会感。我们无法否定自身精神对这种社会感的依赖性。没有哪个人，能够真正切断自身的社会感。没有任何一种理由，可以让我们完全逃避自身对他人应负的责任。社会感不断地在发出警示，但这也并不意味着社会感会一直存在于我们的意识之中，但我们的确可以说，要想扭曲或者抛弃这种社会感，需要我们动用一定程度的权力。而且，社会感的普遍必要性也不会允许任何一个人在没有社会感为其给出正当理由的情况下开始行动。每个行动和思想之所以都需要正当理由，是源于一种无意识的社会统一感。最起码它决定了一个事实，那就是我们必须经常为自己的行为寻找合情合理的理由。由此，我们便产生了生活、思想和行动的特殊本领。这些本领使我们与社会感融洽相处，或者至少可以用表面上的社会关联性来迷惑自己。简而言之，这些解释都表明，的确存在一种海市蜃楼般的社会感，它如一层面纱遮掩了我们的某些性格倾向。只要发现这些性格倾向，就会让我们对一种行为或者一个人做出准确的评价。但社会感伴有欺骗性，这使得判断社会感这件事更难了。不过也正是这种困难，使得理解人性上升到了一种科学研究的高度。现在，我们举几个例子来说明人们可能会如何滥用社会感。

有位年轻人曾经说，他与几位同伴一起游泳，来到了海上的一座小岛上，并在那里待了一段时间。有一次，他的一位同伴将身体从一个悬崖边上探出去的时候失去平衡，掉进了海里。这位年轻人也探出身去，好奇地看着那位同伴坠落，却束手无策。后来回想起这件事情的时候，他又觉得，当时自己那么做并不是出于好奇。幸好，掉进海里的那个同伴后来被人救起。但对故事的叙述者，也就是那个年轻人而言，我们会认为他身上的社会感并不高。就算我们后来听到他说，他一生当中从来没有害过任何一个人，并且还与其他人保持友好往来，我们也不该受表象迷惑，误以为他不缺乏社会感。

这种大胆的假设，必须得到进一步的事实的印证。这个年轻人经常做这样一个梦：他被关在森林中央一个很小的房子里，什么人都见不到。这种场景也是他在绘画时最喜欢的题材。凡是懂得解析梦境，并且了解这位年轻人过往经历的人，都会轻而易举地感受到他身上缺乏社会感。我们完全可以在不牵涉道德的情况下，判断出这位年轻人的社会感因错误的发展而严重受阻。

接下来这则趣闻更能让我们清楚地辨别社会感的真伪。一位老太太赶公交车时滑倒在雪地中，无法起身，但来来往往的人都好像没看到她一般继续赶路。后来，有位男士过来将她扶起。这时，旁边另一个男子不知道从哪里跳出来，给那位男士敬了个礼，并且对他说道："感谢上帝！总算有个好心人出现了，我已经在这里等了五分钟都没有人扶起老太太，你是第一个！"这件事让我们看到一些人是如何打着社会感的旗号行动的。这个躲在暗处的男子，靠这种拙劣的小伎俩把自己当成可以随意评判别人好坏的"法官"，但作为一个目击老人摔倒的人，他从未想过伸出援手。

在很多复杂的情况下，我们很难判定一个人社会感的强弱。唯一能做的，就是彻底调查，这样我们的评判才不会举步维艰。有这样一个例子，有位将军，明知在这次战争中不可能取胜，还要逼迫上千士兵白白送命。将军当然会说自己是为了维护国家利益，而且很多人也表示理解。可不管他如何为自己辩护，他都断然无法成为我们心中真正的好同伴。

在这些不确定的情况下，我们需要一个普遍适用的立场才能正确地判断这些状况。对我们来说，该观点与社会利益和民众福祉（公共福利）相符。如果我们采取这种立场，那就降低了判断特殊状况的难度。

一个人的一言一行，特别是其对他人的看法、和他人握手时的礼仪、谈吐气质等外在表现，都能体现其社会感的强弱。借助这种方式，他的整个人格得以展现，并让人印象深刻。我们往往只需依靠直觉，就能对一个人的言谈举止做出判断。偶尔，我们也会无意识地从一个人的行为中寻找具有深刻意义的结论，从而改变我们的观点。所以，在以上的所有讨论中，我们只是将人类的本能放到意识层面进行思考，从而让我们能够对其加以验证和判断，这样我们才能避免犯下严重的错误。正是从无意识层面转换到意识层面思考问题，我们才可以避免偏见。（倘若我们允许自己在无意识领域里进行判断，这种偏见就会活跃起来，因为在无意识领域，我们既控制不了自己的行为，也没有机会去做出修正。）

再次强调一下，只有在了解一个人的经历和所处环境之后，我们才能对他的性格做出判断。假如我们脱离个体的整体生活，只是根据他的某个单一表现对其进行评判，比如只考虑他的身体状况、所处的环境或所接受的教育，我们就不可避免地会得出错误的结论。这个观点非常重要，因为它大大减轻了人类的负担。更好地了解我们自身，再加上我们的生存技巧，必然会让我们形成一种更适合自身需求的行为模式。运用这种方法，我们就有可能影响他人，尤其是儿童，使他们向更好的方向发展。这样，我们就可以防止儿童因不好的经历而承受不可挽回的后果。从这个角度来看，个体将不会因为出生在不幸的家庭，或因为某些遗传性的缺陷，而注定只能接受不幸的命运。只要人人都能做到这一点，我们的文明就会朝前迈出一大步。新的一代人，将会勇敢地成长，并且认识到，他们才是自己命运的主人！

3.性格的发展方向

　　毋庸置疑，个体人格中的所有显著特征都与其童年时期的精神发展方向一致。这个方向可能是笔直的，也可能是曲折的。笔直的精神发展方向意味着，一个孩子会为了实现他的目标而努力拼搏、奋勇直前，并且发展出一种勇敢好胜的性格。在刚开始的时候，这种性格通常具有积极向上、好胜进取的特点。但是这条笔直的路线是极易发生转向或被改变的。这类儿童的对手可能会直接对其发动攻击，从而使他们在达成更加优越的目标途中遭受巨大的阻力。因此，这类儿童会试图采取某些办法以规避这些困难。然而，他们的迂回又会使其形成某些相应的性格特征。其次，在这类儿童的性格发展过程中出现的其他困难，比如器官发育不良、成长环境中的挫折与失败等，也会对他们造成类似的影响。此外，更大意义上的成长环境，如他们所在的这个世界，也会对他们的性格发展产生重要影响。人类文明中的其他方面，比如老师的要求、怀疑和态度等，最终都会影响他们的性格，这也是他们在成长之路上必须要面对的。其实所有的教育都采用了精心设计的观点和态度，以引导学生朝着社会主流文化的方向发展。

对性格的直线发展来说，任何一种阻碍都是危险的。当直线型性格的儿童遇到阻碍时，为了达成目标，他们都会或多或少地偏离原直线的方向。刚开始的时候，这些儿童的态度不会发生转变，还会直面困难，然而过不了多久，他们就会变得截然不同。他们知道自己需要提防某些对手，因为他们明白就像火会灼伤人一样，某些人会对自己的地位产生威胁。他们会采取迂回的策略来达成目标，而不是通过直接手段。他们的性格发展与其偏离原直线的程度息息相关。上述因素决定了这些儿童是否会变得过于谨慎，是否会觉得自己应该与生活的必要性协调一致，或者是否已经避开这些必要性。如果这些儿童变得胆小懦弱，不敢直视他人的眼睛，不敢说实话，那么他们就会发展出另一种性格，即使他们的目标与那些勇敢的儿童一致。也就是说，虽然两类人的行为不同，但是他们可能有着相同的目标！

这两种性格可能会在某种程度上存在于同一个孩子身上。这种情况通常发生在以下情境：他的性格还未完全固定下来；他尚未形成自己明确的立场；他不会始终执拗于一种方法，而是在初次尝试失败后，依旧热衷于探寻其他的方法。

互不打扰是适应社会要求的首要前提。只要儿童不对自己生活的环境持敌视的态度，我们就可以轻松地教会他们做到这一点。只有当教育者将自己对权力的欲望降至最低，使之不会对儿童造成压力和负担时，家庭内部的矛盾和斗争才可能会被消除。此外，如果父母知晓并且遵循儿童成长的规律，就可以避免直线型的性格特征发展成不正常的形态，例如勇敢变成鲁莽，独立变成自私。而且还可以避免儿童被那些外在的、强制的权威所影响，变得逆来顺受、盲目服从。这些有害的教育会使儿童封闭自己，不敢面对现实以及害怕说实话。压力式教育是把双刃剑，它会导致儿童在表面上服从。儿童与其成长环境之间的关系会在他们的心灵上得到反映。此外，所有可以预想到的障碍，无论是直接的还是间接的，都会对他们的性格产生影响。儿童通常不能对外部影响进行评判，而负责教导他们的成年人对这些影响不是一无所知，就是不知所以。最终，儿童所经历的一系列困难，再加上他们对这些困难所做出的反应，造就了他们的性格。

除此之外，我们还可以根据另一种方法对人进行分类。分类的依据是面对困难时人们的心态差异。首先是那些性格发展在总体上呈直线型的乐观主义者。他们在面对所有困难的时候，采取的都是勇敢从容的心态。他们时刻保持自信，并且快乐、轻松地面对生活。因为他们有正确的自我认识，从不妄自菲薄，也不会觉得自己受到忽视，所以他们不会对生活索要过多。因此，相比那些面对困难时只会觉得自己软弱无能的人，他们能更好地忍受生活的苦难。即使在更加艰难的情况下，这些乐观主义者依旧可以做到心平气和，因为他们坚信错误终将得到修正，苦难也终将过去。

通过一个人的行为方式，我们可以立即辨别出他是不是一个乐观主义者。乐观主义者从不畏首畏尾，在交谈时能畅所欲言、开诚布公，既不过于自谦，也不过于拘束。如果要描述他们的具体形象，他们是那种随时准备张开双臂迎接自己伙伴的人。他们可以轻松自如地与别人沟通，毫无困难地与他人交友，因为他们从不多疑。他们的言谈流利自如，他们的态度、行为、举止落落大方，毫不扭捏作态。除了儿童以外，我们很少发现纯粹是这种性格的人。但是，我们可以在生活中发现许多不同程度的乐观主义者，在与他们的沟通交流中，我们同样可以感到舒适。

与乐观主义者完全不同的是悲观主义者。教育中最严重的问题，就出现在这类人身上。由于童年时期那些不好经历的影响，他们身上的"自卑情节"非常明显。对他们来说，任何形式的困难都会让生活举步维艰。在童年时期所接受的错误的教育的影响下，他们形成了消极的人生观，以至于他们总是着眼于生活的阴暗面。比起乐观主义者，他们对生活中的困难更为敏感，很容易失去勇气。在不安感的折磨下，他们不断地寻求他人的帮助和支持。这种对帮助的哀求总是会通过他们的外在行为表现出来，因为他们无法忍受孤独。当他们还是孩子的时候，他们会拼命地呼喊母亲，或者一和母亲分开就大哭大叫。甚至当他们到年迈的时候，还会对母亲发出这种呼喊。

这类人内心中那种不正常的谨小慎微，会通过他们懦弱而畏惧的对外态度表现出来。悲观主义者永远在盘算一些可能出现的危险，因为他们相信这些危险下一秒就会降临。显然，在这种性格的影响下，悲观主义者的睡眠注定会很糟糕。事实上，睡眠是衡量人成长发展的绝佳标准，因为睡眠障碍往往是人在缺乏安全感的时候过于谨慎的标志。就好比，为了更好地抵御来自生活的威胁，这些人时时刻刻处于防备状态。我们可以发现，拥有这类性格的人其生活是多么无趣，他们对生活的理解是多么匮乏。一个睡眠质量差的人根本无法掌握好好生活的技巧。如果他对生活的担忧符合事实，那他将不敢再睡觉了。如果生活真的如他所认为的那样困苦，那么睡觉真的就是极其糟糕的安排。悲观主义者倾向于采用敌对的态度面对生活中的自然现象，这恰恰表明他们还没有为生活做好准备。睡眠本身没必要受到干扰。如果我们发现一个人总是不断地检查房间的门是否已经锁好，或者在睡觉时总是梦到小偷和强盗，那我们就可以怀疑他有悲观主义倾向。实际上，我们可以通过睡姿来辨别一个人是不是悲观主义者，因为悲观主义者通常会蜷缩在一个尽可能小的空间里，或者用被子蒙着头。

我们也可以将人类的性格分为攻击型和防御型两类。攻击型人格的显著特征就是暴力行为。**当攻击型人格的人有胆量的时候，他们会变得鲁莽，因为他们迫切地想要向世界证明他们的能力，但这恰恰体现出他们的内心被不安深深地包裹着。**当他们感到焦虑时，他们会尝试让自己变得冷酷，以对抗恐惧。这使得他们把"男性气概"表现到了令人可笑的程度。他们中有些人还会用尽心思压抑一切与温柔相关的情感，因为他们觉得这些情感都是软弱无能的标志。攻击型人格的人通常都会表现出野蛮和粗鲁的特点，并且，如果他们有悲观倾向，那他们与所处环境的一切关系都将发生改变，因为他们没有同情心和合作能力，对世界怀有敌意。同时，他们会提升对自身价值的认可，变得狂妄自大、傲慢无礼和目中无人。他们自负得仿佛自己真的是征服者一样。然而，他们的这些明显夸张的行为，不仅会让他们与世界之间的关系不和谐，而且会暴露出他们的全部性格。支撑他们这种性格的基础是不安全、不稳定的。他们那种可能会持续很久的攻击姿态，就源于这种性格。

攻击型人格的人随后的发展并不容易。人类社会并不会眷顾这类人。实际上，他们的很多行为都让他们受人讨厌。他们在为了占据上风而不懈努力的过程中，很快就会发现自己与他人会产生矛盾冲突，尤其是跟那些与他们同属一类的人。生活对他们来说就是一系列争斗；当他们遭遇无法避免的失败时，他们的全部成功和胜利都会戛然而止。他们很容易受到惊吓，无法在长期的矛盾冲突中保持自身的力量，也无力阻挡自己的失败。

前进道路上遇到的挫败会对这类人产生一种逆转作用，他们攻击型人格的发展就此停滞了，他们开始感觉自己受到攻击。在这种情况下，**他们会形成一种害怕受到攻击，经常处于防守状态的防御型人格。他们补偿自己不安感的方式不是主动进攻，而是变得焦虑、警惕、懦弱。**我们可以确定的是，如果没有对前面所描述的那种攻击姿态的不成功的维护，就不会出现第二种性格类型。防御型人格的人很快就会被不幸的遭遇吓倒。因为这些遭遇会让他们认为自己将被彻底打败，于是很容易就选择逃避。偶尔，他们也会通过假装退缩是为了做更有意义的事情来伪装自己的逃避。

因此，当他们沉迷于往事并且醉心于幻想时，他们实际上追求的只是逃避那些吓坏他们的现实。他们中的某些人，在没有完全丧失主动性时，也许会做一些对社会有益的事。很多艺术家都属于这种类型。他们已经脱离现实，并且在想象与幻想的国度里为自己建立了一个没有障碍的世界。除了艺术家外，这种性格的人通常都会屈服于困难，并且经历一次又一次的失败。他们害怕所有人与事，并且越来越多疑，最终对世界只剩敌意。

不幸的是，在我们的文明中，他们的心态经常会因他人施加的糟糕经历而被强化，以至于不久后，他们就不再相信人们身上有美好的品质，并对生活中更为光明的一面失去信心。这类人最常见和最典型的特征是他们特别喜欢批评别人。有时这一点会变得尤为突出，以至于他们可以很快发现别人身上最不起眼的缺点。他们自诩为人性评判家，却从不做对周围人有益的事。他们不停地批判这个批判那个，毫无用处还令人厌烦。他们的猜忌使他们养成了焦虑和犹豫的习惯，每当遇到新任务时，他们就会变得犹豫不决，就像他们想逃避每个决定似的。如果要把这类性格的人描绘得更加形象的话，我们可以想象这样一个人：他举起一只手来保护自己，同时举起另一只手遮住自己的眼睛，这样他就看不到任何危险了。

这类人还有其他令人讨厌的性格特征。众所周知，一个不相信自己的人，也从来不会相信别人。这种态度势必会衍生出贪婪和嫉妒。这些生活孤僻的猜疑者不愿为别人带来快乐，也不愿与别人一起快乐。甚至，陌生人的幸福快乐对他们来说几乎就是痛苦。这类人中的某些人可能会成功地通过一些难以被制止的手段或诡计，来维持对其他人的优越感。他们会不惜一切代价满足自身对维持优越感的渴望，以至于他们可能会形成一种非常复杂的行为模式。这种模式乍看之下，绝不会让我们怀疑他们对人类有根本性的敌意。

4. 以前的心理学流派

我们得承认，一个人就算缺乏人性研究的素养，也能尝试着去理解人性。通常采取的方式是，从心灵成长的历程当中寻找一个切入点，然后以此为依据，将人性划分为不同的"类型"。例如，我们可以将更习惯于沉思冥想的人分成一类，他们喜欢活在自己的幻想中，对现实世界的生活十分陌生。这种类型的人与另一类人相比，往往更难付诸行动。另一类人很少沉思，几乎从不冥想，并乐于以一种积极和专注的心态，实事求是地面对人生中的困难。这两类人在现实生活中的确是存在的。但我们倘若同意这样一种心理学派的观点的话，我们的研究将很快结束，而且我们就会像其他心理学家一样，不得不勉强得出结论：第一种类型的人能培养出更为丰富的想象力，而另一种类型的人能培养更为出色的工作能力。对一门真正的科学而言，只是将人类简单分类是远远不够的。我们需要提出一些更好的观点，来说明这些现象是如何出现的，它们是否必须出现，以及它们是否可以被避免或者被缓和。因此，即便如上所述的各种分类确实存在，对人性的理性研究来说，这种人为的、肤浅的分类方法也是毫无用处的。

个体心理学正是把握住了心灵成长过程中不同心理表现的源头，即童年早期。个体心理学认为这些表达形式无论是从整体来看还是单个来看，要么主要是受社会感的影响，要么主要是受更为明显的对权力的追求的影响。带着这种观点，个体心理学便找到了一把钥匙，从而可以根据一种简单而普遍适用的概念去理解人性。我们可以按照这个重要概念对任何人进行分类，因为这种概念的应用范围极其广阔。不用说，在任何情形下，心理学家在观察时都应该保持谨慎，且掌握一定技巧。有了这种前提，我们就会获得一种标准，进而证明某种心理现象中是暗含着更高程度的社会感而夹杂着轻微的对权力和威望的追求，还是充斥着自私、野心，只是为了对周围的环境产生优越感。在此基础上，我们就能更清楚地理解那些过去遭到曲解的性格特征，也不难根据这些性格特征在整体人格中的地位来衡量它们。与此同时，只要我们理解了一个人的性格特征或行为模式，我们便可以据此修正他的行为。

5.气质与内分泌腺^①

"气质"类型,是过去人们对心理现象和特征的一种分类。可我们却很难搞清楚"气质"究竟是什么意思。它是指一个人思考、说话或者行动时的敏感程度,还是指一个人在工作时展现的能力或者节奏呢?据研究,许多心理学家关于"气质"本质的阐释,似乎都是非常不充分的。我们必须承认,科学研究一直都受"人有四种气质"这一观点的影响。而这种观点,可以追溯到人类开始研究精神生活的远古时代。首次提出这一观点的是古希腊人希波克拉底(Hippocrates),他将气质分成多血质、胆汁质、抑郁质和黏液质四种类型。这种观点此后由古罗马人继承,如今依然是现代心理学中一笔珍贵神圣的文化遗产。

---

① 文中所提的四种气质类型是:多血质、胆汁质、抑郁质与黏液质。这一理论缺乏科学性,已在很多课本中删除。但在普及类的书籍中,这样的划分方法为大众认识自己和他人提供了指导,在某种程度上还是有一定的参考性的。

多血质类型的人的人生往往充满快乐、积极的元素，他们不会把事情看得太沉重，不会让自己轻易地早生白发。他们努力发现事物愉快与美好的一面，该难过的时候就难过，但不会让难过控制自己；该快乐的时候就快乐，但不会因为快乐而丧失理智。能够在乐事当中体验到欢乐而不失去自我感的人，都属于多血质类型。这种人整体上都属于健康、不存在严重缺陷的人。可对于其他三种类型，我们却无法做出这样的论断。

在一部古老的诗作当中，胆汁质类型的人被描绘成了一个会把挡住他去路的石头用力踢到一边的人，而多血质类型的人则会悠闲地绕行。用个体心理学的语言来说就是，胆汁质类型的人迫切地追求权力，因而倾向于采取更为明显、强硬的行动解决问题，给人的感觉是他们始终想证明自己的力量。这类人，面对所有障碍都喜欢采取直线型的主动进攻方式。实际上，他们在童年早期就会开始表现出比较激烈的行为，因为那时他们缺乏一种自身强大的感觉，所以必须不断地去展现，才能确信自己有这样的力量。

与上述两种人相比，抑郁质类型的人则会给我们一种完全不同的印象。继续用上文中关于石头的比喻来说，抑郁质类型的人看到石头，就会回忆起自己所有的罪行，就会开始伤春悲秋，然后就转身往回走。这种人在个体心理学中，被当作犹豫性神经症的代表。他们完全不相信自己能够克服困难或者获得成功。他们不愿意尝试新事物，宁愿止步不前，也不愿为了实现目标而前进；就算是为了前进，他们每一步也都会走得小心翼翼、如履薄冰。在这种人的一生当中，疑心起着关键性作用。他们考虑得更多的是自己，而不是别人，而这最终会让他们失去更多充分体验生活的机会。这类人整日被自己的忧虑压得喘不过气来，只懂得凝视过去，或者把时间花在毫无结果的内省上。

一般说来，黏液质类型的人都是不适应生活的人。这种人虽然会受到各种影响，却不会从这些影响中得出正确的结论。什么东西都不会给这种人留下深刻的印象，他们几乎对任何东西都不感兴趣，也交不到朋友。总而言之，这种人与生活几乎没有什么联系：在四种气质类型的人当中，这种气质类型的人与生活的距离或许是最远的。

因此，我们也许可以得出结论说，只有多血质类型的人才是优秀的人。然而，我们却很少看到谁明显地属于某个单一气质类型。在大多数情况下，我们面对的都是两种或者多种气质类型混合的人。正因此，人们关于气质类型的知识全都没有了价值。再者，这些"类型"和"气质"也并不是固定不变的。我们经常发现，一种气质会逐渐融入另一种气质当中，比如一个人在孩提时期的气质类型是胆汁质，后来变成了抑郁质，而到迟暮时又呈现出十足的黏液质习性来。似乎多血质类型的人，儿时最不容易受到自卑感的困扰，也极少表现出身体有严重疾病的情况，并且始终没有受到过强烈刺激。结果就是，这种人会平静地成长，对生活有一定的热爱，这使得他们能够以一种自信平和的态度面对人生。

在这一点上，科学研究宣称："气质是由内分泌腺决定的。"医学领域的一项最新发展是认识到内分泌腺的重要性。内分泌腺包括甲状腺、脑垂体、肾上腺、甲状旁腺、胰腺、睾丸和卵巢的间质腺，以及其他一些组织结构。不过，人们对这些组织结构功能的认识还很模糊。这些腺体没有导管，而是直接将分泌物分泌进血液当中。

人们通常认为，所有器官和组织在成长和活动的过程中，都会受到这些内分泌物的影响，因为血液会携带着这些内分泌物进入人体的每一个细胞当中。这些分泌物起着催化剂或者解毒剂的作用，是维持生命所必不可少的。不过，如今这些内分泌腺的重要性却依然蒙着一层面纱，我们并没有完全弄清楚。研究内分泌物的科学整体上还处于发展初期，而关于内分泌物功能的明确事实，我们知道的也很少。不过，既然这门年轻的科学要求获得认可，并且试图引导研究性格与气质的心理学思想的发展路线，认为这些分泌物决定了性格和气质，那么我们就必须对这方面多加论述才行。

我们不妨先来看一个重要的反对意见。假如一个人患有先天性碘缺乏综合征（cretinism，又名克汀病，由甲状腺功能低下引起），那么我们的确会看到，无论此人的实际病症如何，其表现与黏液质气质发展到极端程度时有许多相似之处。这些人的外部病症通常是，外表臃肿不堪，发质呈现病态，并且皮肤特别粗糙，行动异常迟缓而无精打采。除此之外，他们的心理敏感度明显偏低，主动性几乎也丧失殆尽。

现在，假如我们将这种情况与甲状腺没有出现明显的病变却可以归入黏液质气质的另一种情况比较一下，那么，我们就会看到两种完全不

同的景象和性格特征。因此，有人可能会说，甲状腺的分泌物似乎有助
于维持一种适当的心理功能；然而，我们却不能走极端，说黏液质气质
起源于甲状腺分泌物的缺失。

病理性黏液质与我们常称的黏液质气质完全不同。心理学上的黏液
质性格和气质之所以不同于病理性黏液质，完全是由一个人此前的心理
经历所决定的。我们作为心理学家所关注的那种属于黏液质类型的人，
绝不会是静止不变的个体。他们有时候会做出异常难解与激烈的反应，
这一点经常会让我们感到惊讶。没有哪个属于黏液质气质的人，会终生
保持这种黏液质气质。我们将会明白，这种人的气质只是一种人为的假
象，只是一种心理防御机制（我们可以想见，这种人可能具有一种天生
的性格倾向，来形成这样一种心理防御机制），是过度敏感的人为自己
创造出来的，是这种人在自身和外部世界之间匆匆建造起来的一座堡
垒。黏液质气质就是一种心理防御机制，是对生存挑战做出的一种有目
的的反应。从这种意义上来说，黏液质气质与那些由甲状腺功能低下引
起的行动迟缓、无精打采和机能不全截然不同。

在另外一些实例中，似乎只有以前患过甲状腺功能低下的病人才
会形成黏液质气质，即便是这样的实例，也无法推翻心理学意义上的黏
液质气质与因甲状腺功能低下而引起的病症不同这一观点。但这一点，
并不是整个问题的关键。真正的关键是一系列复杂的原因与目的，是一
个由器官活动加上外部影响而形成的、导致一个人产生自卑感的整体系
统。这种自卑感，会让一个可能形成黏液质气质的人试图用这种方式，

去保护自己不受到有损自尊的侮辱与伤害。不过，这一点只意味着，我们在此具体讨论的是一种我们已经总体论述过的类型。在这里，甲状腺功能低下是一种具体的生理缺陷，而它产生的后果则发挥着主导作用。并且，这种生理缺陷会导致一种更加紧张的人生态度，具有这种缺陷的人会通过种种心理花招来补偿这种缺陷，而黏液质气质，就是这种心理花招中的一个明显实例。

倘若考虑到内分泌方面的其他异常情况，并且研究一下它们所对应的气质类型，那么我们的设想就会得到证实。因此，我们来看一看巴塞多氏病（Basedow's disease）或者甲状腺肿（goiter）这两种疾病中甲状腺分泌过旺的个体的情况。这种疾病的生理表征是，心跳过速、高脉搏率、眼球突出、甲状腺肿大，以及四肢（尤其是双手）出现程度不同的颤抖。这种患者经常出汗，而由于甲状腺对胰腺具有次生影响，他们的肠胃器官运转起来也更加困难。这种患者极其敏感、极其容易被激怒，他们表现出的特点是动作急促、不耐烦和颤抖，还常常伴随各种明显的焦虑状态。一名典型的突眼性甲状腺肿患者，无疑就是一个过度焦虑的人。

然而，若说这种情形与心理学上的焦虑状态完全一致，则会犯下严重的错误。我们在突眼性甲状腺肿这种疾病中看到的种种心理现象，即各种焦虑状态、无力去做某些体力或脑力劳动、容易疲劳、极其虚弱等，不但会受到心理因素的制约，也会受到生理因素的制约。将这种患者与一个患有匆忙性和焦虑性神经症的人比较一下，就会看出其中的巨大差异来。与那些患有甲状腺功能亢进症而精神过度活跃的人，那些性格受甲状腺分泌次生影响的人，那些仿佛因为甲状腺分泌物而"醉倒"的人形成鲜明对比的，就是那些容易激动、急躁、焦虑不安的人。后者属于完全不同的类型，因为他们的处境几乎完全是由他们以前的心理经历决定的。甲状腺功能亢进症患者当然也会表现出一些类似的行为，但他们的行为当中缺乏属于性格与气质重要指标的那种计划性和目的性。

在这里，我们还应讨论一下其他的内分泌腺。各种内分泌腺的发育与睾丸及卵巢的发育之间的联系尤其重要。[①] 有一种观点已经成为生物学研究的一条基本原则，那就是一旦我们发现内分泌腺异常，必定也会发现生殖腺或者性腺异常。不过，人们依然没有充分搞清楚这种特殊的依存关系，以及同时出现这些缺陷的原因。在这些腺体存在生理缺陷的实例中，我们也会得出从其他生理缺陷中推断出来的那些结论。我们会发现，一个人若是生殖腺机能不全，就会出现生理问题，进而发现自己更加难以适应生活，因此他必须形成许多精神技巧和防御机制，来帮助自己做出这种适应。

一些热衷于研究内分泌腺的研究人员引导我们认为，性格和气质完全取决于性腺的各种分泌物。然而，人们似乎很少在睾丸与卵巢的腺体分泌物当中发现异常现象。在出现病理性机能丧失的情况下，我们面对

---

① 参考阿德勒《器官缺陷及其心理补偿》一书，英语版为 *Organ Inferiority and Its Psychic Compensation*，德语版为 *Studie über die Minderwertigkeit von Organen*。——原注

的却是种种异常的病例。性腺机能不全与特定的心理习性无直接联系，而性腺机能不全也并非总是由特殊的性腺疾病导致的。对于一些内分泌学家宣称的性格取决于内分泌的观点，我们并没有找到可靠的医学根据。不可否认，某些保持机体活力所必需的刺激因素产生于性腺当中，而这些刺激因素又可以决定一个孩子在所处环境当中的位置。然而，这些刺激因素也可能由其他器官产生，它们也不一定是形成某种特定心理结构的基础。

由于评判个人价值是一项困难而微妙的任务，稍有差错就可能决定一个人的生死，因此我们在这里必须提出一个警告。对于那些存在先天性器官缺陷的儿童，习得某些特定的精神技巧和花招来进行补偿的诱惑力是非常巨大的。不过，这种形成特定心理结构的诱惑力，却是可以克服的。无论是在什么条件下，都没有哪种生理器官会必然地、无可挽回地迫使一个人去形成某种特定的人生态度。生理缺陷可能会让一个人感到气馁，可那种情况又是另外一回事了。与我们刚刚提到的这种说法相似的观点之所以能够存在，完全是因为一直都没有人尝试过去消除那些有生理缺陷的儿童在心理成长过程当中遇到的种种困难。有人任由这些儿童因为自身缺陷而犯错；有人研究并观察这些儿童，却既没有尽力去帮助他们，也没有鼓励他们。以个体心理学的经验为基础而形成的那种新的"地位心理学"或者"背景心理学"，将会因为其在这方面的观点而得到证明，并且会使目前的性格心理学或者体质心理学黯然失色。

6. 要点重述

在开始研究单一的性格特征之前，我们不妨简单回顾一下前文论述过的那些要点。我们提出了一个重要的观点，即对人性的理解永远不能通过考察孤立的现象来完成，毕竟这些现象已经从个体的整个心理环境和关系中分离出来。理解人性至关重要的是，比较两种彼此独立、时间跨度尽可能大的现象，并且在统一的行为模式中将它们联系起来。这种特殊的方法经证明是非常有用的。它让我们能够收集大量的印象，并通过系统的整理，将它们总结成一种对性格的准确判断。倘若判断时将孤立的现象作为依据，那么我们就会让自己陷入一种困境。这种困境与其他心理学家及教育工作者面对的情况相同，这样，我们就不得不去利用那些传统的标准，可我们往往会发现，这些标准毫无用处且枯燥无味。然而，倘若成功收集大量能够发挥我们这种体系的作用的现象，并将它们综合成单一独立的模式，那么我们就可以创造一种心理理论体系，这种体系逻辑分明，能够让人做出清晰、准确的判断，是真正有价值的理论体系。只有在这种情况下，我们才能站在坚实的科学基础之上。随着对一个人的深入了解，我们的判断必定会做出一定程度的改变或者修正。在试图做出有教育意义的修正之前，我们必须按照这种体系的要求，先对一个即将接受教育的人有清晰准确的了解才行。

我们已经对可以形成这样一种体系的种种方法和手段进行了探讨，并且用我们亲身经历过或任何正常人都应当经历过的种种现象作为证据进行了详细阐述。除此之外，我们还坚持认为，在我们创造出来的这种体系中，有一个因素必不可少，那就是社会因素。仅仅观察精神生活中的单个现象是不够的，我们还必须观察这些现象与社会生活之间的关系。对我们的公共生活来说，最重要、最有价值的根本原则就是：个体的性格，绝不是我们进行道德评判的基础，而是这个人对其所处环境的态度，是衡量他与其所处社会之间关系的一种指标。

我们在详细阐述上述观点的过程中，发现了人类的两种普遍现象。第一种是人与人之间普遍存的一种社会感，这种社会感正是我们文明的一切伟大成就的基础。社会感是我们可以用来有效衡量精神生活的唯一标准，它让我们能够判断一个人能在多大程度上承担社会责任。当我们明白了一个人对社会持何种态度，明白了一个人以何种方式表达与他人的友谊，明白了一个人如何使他的生活过得有意义且充满活力时，我们就会对人类的心灵形成全面的了解。然后，我们发现了评判性格的另一个标准：获得个人权力与优势地位的种种性格倾向与追求，对社会感的培养最为不利。掌握了这两点，我们就能理解人与人之间的关系既由人的社会感决定，又受人对权力追逐的约束，这两者形成了鲜明对比，相互对立。这是一场动态的博弈，是由几股力量形成的平行四边形，而这些力量的外在表现，就是我们所说的性格。

第二章

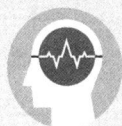

攻击型性格特征

洞　察　人　性

UNDERSTANDING
HUMAN
NATURE

1. 虚荣心与野心

一旦个体追求认可的心理占据了上风，其精神生活就会出现一种更加紧张的状态。结果，对在追求过程中表现出激烈行为的人来说，他们对权力和优越感的追求就会变得愈发明显，而且会终日沉溺在对巨大成就的幻想中。这样的个体丧失了现实感，因为他们与生活脱节，一直忙于思考别人如何看待他们，总是很在意自己给别人留下的印象。这种想法使得他们的行动自由十分受限，而他们最明显的性格特征就是爱慕虚荣。

实际上，每个人身上都可能存在或多或少的虚荣心。但是，将虚荣心外露，并不被认为是什么好的做法。因此，虚荣心往往都被伪装和隐藏得十分巧妙，有着极其多样的变换形式。比如，有一种谦逊，本质上就是虚荣。有的人可能虚荣心极重，从来不把别人的评价放在眼里；而有的人却会贪婪地寻求大众的认可，并且利用这一点来达到自己的目的。

虚荣心一旦超过了一定的限度，便会变得极其危险。它会导致一个人去做各种无用的事情，导致他把自己的精力用在事物的表面而非本质上，使他一心只顾自己，或者最多关注一下他人对自己的看法。除此之外，最大的危险就是虚荣心迟早会让一个人与现实脱节。他不能理解人际交往，与生活的关系也变得扭曲；他忘记了生而为人的义务，尤其是未能看到大自然要求每个人做出的贡献。没有其他任何一种恶习会像虚荣心一样阻碍个体的自由成长，因为它会迫使个体在面对所有人和事的时候都发出这样的疑问："我会从中获得什么呢？"

人们在帮助自己摆脱困境时，习惯于用"雄心壮志"这一更好听的词来代替他们的虚荣心或傲气。想想有多少人会十分骄傲地说自己有何等的雄心壮志！"精力充沛"和"积极主动"这两个概念，也经常被人用来掩盖自负。其实，只要这些概念能证明自己可以造福社会，那么我就可以承认它们的价值。但在大多数情况下，"勤劳""主动""精力充沛""有抱负"等词语其实都是用来掩饰极度的虚荣心罢了。

虚荣心的发展很快会使个体违背规则行事，也会使虚荣心强的人频繁地破坏他人生活。因此，那些虚荣心得不到满足的人，总是企图阻碍他人，以此充分展现自己的活力。一些儿童在其虚荣心养成的过程中，会刻意在危险处境中表现得勇敢无畏，并且乐于向其他弱小的儿童炫耀自己的强大。虐待动物，就是一种体现。而一些遭遇过不同程度挫折的儿童，则会试图通过各种令人难以理解的手段来满足自身的虚荣心。他们会逃避主要的工作，企图在生活中无关紧要的地方来扮演某种英雄角色，以满足自己对人生价值的追求。那些总是抱怨生活苦闷、命运不公的人，就属于这一类。这类人想让我们以为，倘若不是他们接受的教育太过糟糕，或倘若不幸的事情没有降临在他们头上，他们就会成为领袖一样的人物。他们总是在为自己没有冲到现实生活的最前线而找各种理由，而唯一能够满足他们虚荣心的地方，就是他们为自己创造的幻想之境。

普通人会发现，与这类人相处十分困难，因为不知道如何批评或者评价他们。虚荣心强的人，总能找到办法将承担错误的责任转嫁到他人身上。他们总是对的，其他人总是错的。然而，在生活中，孰对孰错其实并不重要，因为唯一重要的事情是完成任务，并对别人的生活做出贡献。虚荣心强的人非但不会做出贡献，还一直在抱怨，找借口和托词。在此，我们见识了人类为了维护自身优越感和保护虚荣心不受羞辱而不惜代价尝试的各种各样的心理花招。

在这一问题上，常有人提出异议：倘若没有远大的抱负，人类的种种伟大成就也不会实现。这是一种从错误角度出发得到的错误观点。由于没有人能够完全不爱慕虚荣，那么每个人身上都或多或少带一些虚荣心。但绝不是虚荣心这一心理决定着个体行为朝着普遍有益的方向前进，也绝不是虚荣心给予了一个人取得伟大成就的力量。这些成就，只能在社会感的激励下取得。一部天才之作，也只有通过其展现的社会内涵才能变得珍贵。在创作过程中掺杂虚荣心，只会干扰创作，降低作品价值；而在真正的天才作品中，虚荣心的影响微乎其微。

然而，在我们这个时代的社会风气下，让自己完全摆脱虚荣心是绝无可能的。认识到这一事实本身就是一笔巨大的财富。带着这种认识，我们就会触碰到我们文明的一处痛点，它是导致许多人一直不幸的罪魁祸首。这些人都是无法好好与他人相处、无力调整自身来适应生活的可怜之人，因为他们的全部目标就是证明自己看起来比实际上强。这也难怪他们容易与别人发生冲突，因为他们只在意自己在别人眼里的名声。在人类经历过的那些最复杂的情境中，我们会发现真正的问题在于有人总是没法做到满足自身的虚荣心。就我们而言，在试图理解一种复杂的人格时，关键的技巧在于确定虚荣心的程度、活动方向以及满足虚荣心所使用的手段。这样一种理解，往往会揭示虚荣心对社会感的伤害有多大。无法想象虚荣心可以与对同伴的情感共存。这两种性格特征，永远都不可能结合起来，因为爱慕虚荣的人不会允许自己服从于社会的各种原则。

虚荣心，也决定着爱慕虚荣之人的命运。它的发展会一直受到那些源于公共生活的理性异议的威胁。社会和公共生活是不容置疑的准则，它们立于不败之地。因此，虚荣心只能被迫在其发展初期隐藏和伪装起来，寻求一条迂回的道路来达到它的目的。贪慕虚荣的人总是对自身能力持严重的怀疑态度，怀疑自己是否有能力取得自身虚荣心所要求的成就。在这种人的幻想和思考过程中，时间悄悄溜走了。可等时间流逝之后，这种贪慕虚荣的人又会给自己寻找借口，抱怨自己从来没有机会展示自己。

在通常情况下，事情是这样发展的：爱慕虚荣的人为寻求某种优势地位，让自己远离主流生活，然后站在一旁，心存疑虑地观察着其他人的行为。这是因为他们将每个同类都假想成自己的敌人。爱慕虚荣的人，必须同时做好攻防准备。我们常常会发现，他们深陷疑虑，纠结于那些看似合乎逻辑、需要谨慎思考的事项，从而让他们产生一种自己处于正确道路的感觉。可是在思考的过程中，他们却浪费掉了那些重要的机会，并且与生活、社会全部脱节，放弃了每个人都必须完成的那些使命。

更加仔细地观察一下这类人，我们就会发现虚荣心产生的背景：它是一种征服所有人和事的欲望，有着上千种不同的表现形式。虚荣心明显地表现在他们的态度、穿着、说话方式以及人际交往当中。简而言之，无论我们从哪个角度看，都能看到虚荣者爱慕虚荣的迹象，都能看到他们野心勃勃。他们不择手段，只为获得优越地位。由于这类人的外在表现并不十分讨喜，因此，如果他们足够聪明，并且意识到他们自身与被他们拒绝的社会之间的距离，便会想尽一切办法来掩盖虚荣心外露的迹象。这样一来，我们就会发现有些人看上去谦逊，表面上不在乎自己的外在形象，但这都是为了表明自己不是爱慕虚荣的人！苏格拉底曾经对一个穿着邋遢的衣服上台演讲的人说道："来自雅典的年轻人啊，你袍子上的每一个破洞都暴露了你的虚荣心！"

有些人认为自己不爱慕虚荣，并对此深信不疑。他们只看到表面，而虚荣心存在于更深的层面。比如，有些人的虚荣心会表现为始终要求自己成为自己社交圈的焦点，成为社交舞台上的发言人和主导者，或者总是根据自己能否维持自己的焦点地位来评判社交聚会的好坏。有些人却从不进行社交活动，并且尽可能地避免社交。这种逃避社交的心理有着不同的表现形式，如拒绝邀请、姗姗来迟或在主人劝说和奉承之下才去赴宴等。还有些爱慕虚荣的人只有在特定的情况下才愿意进行社交，他们就是通过让自己显得格外"特别"来展现他们的虚荣心的。他们骄傲地认为这是值得赞扬的性格。还有些人渴望参加每一场社交聚会，以此来体现自己的虚荣心。

我们不能认为这些细节都是不重要或者无关紧要的，因为它们都是根植于心灵深处的东西。在实际生活中，很难在一个爱慕虚荣的人身上发现社会感的存在。这种人更像是社会的破坏者，而非社会的朋友。要想描绘出这类人的所有特点，我们得得到一位想象力丰富的伟大作家的帮助才能做到。在这里，我们只是简单地勾勒一下它们的大致轮廓。

有一种动机存在于所有爱慕虚荣者的身上，那就是他们通常都为自己设定了一个一生都无法达成的目标。他们的目标，就是比世界上所有的人都厉害，这也是他们的无力感造成的结果。我们有理由推断，任何带有明显虚荣心的人，都感受不到自己的价值。可能有的人也意识到了这一点，他们的虚荣心始于他们的无力感很明显的时候。但是，除非他们充分利用自己的这种意识，不然仅有这种意识也毫无用处。

虚荣心在我们很小的时候就已经开始形成。通常所有形式的虚荣心都带有一些孩子气的成分，因此，爱慕虚荣的人总是给我们一种幼稚的印象。决定虚荣心发展的情况有多种。有一种情况是这样的，儿童觉得自己被忽视，因为接受的教育不够，他们认为自己的渺小带来了极大的压力。还有一些儿童则会因为家庭传统而形成一股傲气，我们可以确定，这些儿童的父母认为这种"贵族"气质让他们的孩子有别于其他孩子，并为此感到十分骄傲。

不过，隐藏在这些态度之下的，其实是一种企图，即认为自己与众不同、独立无二，自己的家庭"优"于其他人的家庭，自己的家庭有着"更高""更好"的鉴赏力。凭借家庭的血统，他们认为自己注定要在生活中享有一定的特权。对获得这种特权的渴望和要求实际上也指引了他们的人生方向，决定了他们的行为方式和表达方式。但由于社会生活不会让这类人如己所愿地发展，由于要求获得特权的人会招人厌恶或为人不齿，所以他们当中很多人会胆怯地选择一种远离人群或特立独行的生活方式。他们只有待在家，过着不需要对任何人负责的日子，才能保持他们那种幻想，并且想着如果事情不是那样的话自己本来早就实现目标了，从而强化自己的态度。

有时，这类人中也不乏能干、重要的人，他们让自身发展达到了极高水平。倘若对他们的才能进行衡量，那或许他们是有价值的。但他们将自己的才能用在了错误的地方，去做一些进一步麻痹自己的事情。他们一般很难和社会积极合作，一涉及这个问题，他们就会摆出一大堆理由。比如，他们可能会列出一些难以满足的时间条件，说他们以前做过的事、以前掌握的东西或者学会的某些事情。而且，他们还会找各种借口，按照自己的逻辑，说别人做了什么或者没做什么。他们列出的条件也许根本无法满足，因为还有一些更细微而站不住脚的理由。比如，他们声称，如果男人都是真男人，或者女人不是这种样子的话，一切都会进行得很顺利。但无论这些条件的出发点有多好，都是不可能实现的！因此，我们必须下这样一个结论：他们所说的一切都只是为自身的懒惰找借口，就像安眠药和麻醉剂的效果一样，会让人不去想自己浪费的时间。

这些人都对世界有深深的敌意，而且对别人的痛苦与悲伤不以为意。正是通过这一心理机制，他们获得了一种伟大感。曾经有一位熟知人性的学者拉罗什富科①说过，大多数人"都觉得自己可以轻易地承受他人的痛苦"。对社会的敌意，常常以一种尖锐的方式表现在他们采取的批判的态度之中。这些将社会视为敌人的人，一直在不停地抱怨、批评、嘲弄、评判和谴责这个世界，他们对一切事情都感到不满。但认识到坏的一面，并且谴责它们，是远远不够的！我们必须这样问自己："为了改善这些情况，我都做了些什么？"

爱慕虚荣的人满足于用一些小把戏来凌驾于他人之上，用尖酸的批评来诋毁他人的性格。这类人偶尔会练就高明的手段也就不足为奇了，因为他们经历了无数次的锤炼。这些人当中也不乏极为聪明的人，他们

---

① 拉罗什富科（La Rochefoucauld），作家，1613年生于法国巴黎，著有《箴言录》。

反应敏捷、妙语连珠。正如利用其他一切手段来干坏事一样，机智和敏锐也可以用来伤人，就像专门讽刺人的人可以用嘲笑伤害他人一样。

这种爱贬低他人、满腹牢骚的人，刻薄和贬损就是他们性格特征的表现。这种性格特征非常常见，我们将其称为"贬低情结"。它实际上说明了爱慕虚荣者的攻击点所在，即他人的价值与意义。**贬低倾向是通过贬低他人来获得优越感的一种举措。认可他人的价值，无异于在侮辱虚荣者的人格。**单从这点来看，我们就能得出一些更深层次的结论，并明白虚荣者内心的软弱感和匮乏感是多么根深蒂固。

没有人能够彻底挣脱这种性格的束缚，因此我们可以充分利用以上讨论给我们自己制定一个标准，即便我们无法在短时间内根除这种千百年来的传统思想。倘若我们能够意识到那些蒙蔽和纠缠着我们的偏见最终会被证明是有害的、危险的，那么我们就前进了一大步。我们的愿望，既不是变成与众不同的人，也不是寻找与众不同的人。然而我们认为，有这么一种自然法则，它要求我们积极参与，与我们的同伴共同协作。在我们这样一个广泛要求合作的时代，已经没有空间来容纳追求个人虚荣心的行为了。也正是在我们这样的时代里，虚荣者的人生观会暴露出种种明显而愚蠢的问题。因为我们每天都会看到虚荣如何导致失败，如何使爱慕虚荣的人处于社会的打击之下，或者让他们处于得不到社会同情的境地。没有任何一个时代比今天这个时代更反感虚荣心。我们最起码应该做的，就是为虚荣心找到更好的表达形式和方式。这样的话，就算一定要虚荣，我们至少也会让它朝着对人类福祉有益的方向发展。

下面这个例子，极好地展现了虚荣心对人的驱动。有一位年轻女士，她父母生了好几个女儿，她是其中最小的那个，从小就备受父母宠爱。她的母亲终日伺候着她，对她几乎有求必应。但结果她母亲无微不至的关怀越发宠坏了这位体弱多病的小女儿。有一天，小女儿发现了一件事，只要自己生病了，母亲就会对身边的人颐指气使，让他们照顾自己。因此这个年轻的姑娘很快意识到，生病也能成为一种有用的手段。

因此，她学会了忍受正常的健康人对疾病的厌恶。而且，偶尔的身体不适对她来说一点也不难受。不久后，她在生病这件事上已经很熟练了，只要她愿意，就能随时"生病"，尤其是当她下定决心要达成某个特定目标的时候。但不幸的是，她总是有太多的特定目标想要完成，久而久之，她身边的人就真的以为她得了某种慢性病。这种"疾病情结"，在大人和小孩身上有许多临床表现，他们感觉到自己的权力在增长，并且生病能够帮助他们在家中占据核心地位，随意控制家人。在与年幼且脆弱的人打交道时，他们以这种方法去获得权力的可能性很大；当然，也正是这些人，在尝到亲人对他们健康关心的甜头后，才创造了这种获得权力的方法。

在此情况下，这种人还会采取其他的花招来达到其目的。比如，一个人一开始吃得很少，结果脸色十分难看，然后家人就必须为了他不断做美味的饭菜。很快，在这个过程中，渴望有人一直照顾自己的愿望就产生了。而这些人，通常是不甘寂寞的人。单单通过感觉不适或遇到危险，就能获得至亲的关注。通过让自己处于危险的处境，或者患上某种疾病，就更容易实现这一点了。

将自己与某种事物或情景等同起来的能力，我们称之为共情。这在我们的梦中得到了很好的体现。在梦中，我们感受到某些特定的场景似乎真的发生了。一旦陷入疾病情结的人采取了这样一种获得权力的方式，就能很容易地产生和想象出一种不适感。他们的这种做法十分巧妙，任何人都看不出他们的行为是撒谎、扭曲事实和妄想。我们都非常清楚地知道，对情景的认同可能与情景本身带来的效果相同，就好像那种情景真的存在一样。我们也知道，他们可能真的会呕吐，或者产生一种真实的焦虑感，就好像真的置身于危险之中一样。但一般来说，他们在产生这些症状的时候都会原形毕露。就像我们提到的这位年轻女士，她声称自己有时候会产生一种恐惧感，"那种恐惧感就像我随时都有可能中风"。有些人会清晰地想象出某件事，以至于他们真的失去了心理上的平静，而且我们也不能说他们是在妄想或假装。对一个爱装病的人来说，如果他曾成功地通过某种病症或起码是所谓的"紧张"症状给身边的人留下过深刻的印象，就足够了。因为从此以后，拥有这种印象的人都会站在"病人"这一边，去悉心照顾他、关爱他的身心健康。他人的疾病会对每个正常人的社会感形成挑战。上述描述的这种人，则会滥用这一事实，并使之构成他们获得权力感的基础。

由于公共生活规则要求所有人都要关心自己的同类，很明显，疾病情结这种做法违背了该规则。我们将会发现一条规律，那就是前面描述的那种人无法理解他人的痛苦或幸福。他们会不断损害他人的权益，至于帮助自己的同伴，他们丝毫不感兴趣。偶尔，凭借付出的巨大努力以及自身所接受的文化教育，他们也许会取得成功，但更多时候，他们只是努力使自己看上去关心他人。从本质上说，他们一切行为的出发点，不过是自私自利和贪慕虚荣罢了。

当然，我们刚才提及的那位年轻女士也是如此。她对家人的关心，表面上已经达到极致。但倘若她母亲晚了半个小时把早餐送至她床头，她就会忧虑和担心起来。在这种情况下，她会叫醒自己的丈夫，并逼迫他去看看母亲那边发生了什么事。唯有这样，她才会心满意足。时间长了，这位母亲便逐渐养成了每天都准时给她的小女儿送早餐的习惯。这位年轻女士的丈夫也有同样的遭遇，作为一名商人，他必须考虑自己的顾客与合作伙伴，但每次只要他晚回家几分钟，就会发现他的妻子几乎处于精神崩溃的边缘，焦虑得浑身发抖、大汗淋漓，还会抱怨自己忍受着可怕和不祥的预感的折磨。而这位可怜的丈夫，只能像她母亲一样，逼迫自己准点回家。

很多人都会提出不同意见，说这名年轻女士并没有从她的行为中真正受益，而这些方面，在现实生活中也算不上什么大成就。但大家必须记住，我们描述的只是冰山一角，她的疾病在传递一个危险的信号："小心！"这是她所有人际关系中的标志物。通过这一简单的伎俩，她让身边的所有人都学着去适应她。在满足她控制身边人的无穷欲望中，她的虚荣心发挥了根本性作用。试想一下，这种人为了实现自己的目标，得多么竭尽全力啊！倘若我们能认识到她付出的高昂代价，那么我们必定能推断出，在她的生活中，这种态度和行为已经成为不可或缺的一部分了！除非别人都对她言听计从且按时完成她的要求，否则她将过得极其不安稳。然而，婚姻的意义可不只在于让自己的丈夫准时回家。这位女性的强制性做法，还束缚了她的其他所有的人际关系，因为她已经学会如何通过焦虑状态来强化自己的命令。表面上，她似乎非常关心其他人的幸福，但实际上，所有人都必须无条件服从她的意志。据此，我们可以得出的唯一结论就是，她对他人的关心只是为了满足自身虚荣心的一种工具罢了。

我们经常会发现，这种精神态度会到如此程度，以至于一个人的成就变得比他所渴望的东西更加重要。不妨以一个六岁的小女孩为例，这个小女孩的自我中心主义达到了极致，只关注所有在她脑子里随机出现的怪念头能不能变成现实。她在征服玩伴过程中的所作所为，表现出的都是自己对权力的欲望。这种征服通常都是她主动行动的结果。她的母亲迫切地希望与自己的女儿保持良好关系，有一次她做了女儿最喜欢的点心，只为给女儿一个惊喜。母亲将点心拿到女儿面前的时候，说："我知道你喜欢吃点心，所以我给你拿过来了。"可小女孩却一把打翻盘子，狠狠踩着糕点，哭喊着说："我不要吃，因为我不喜欢你自作主张地拿给我，我只在自己想吃的时候才吃！"还有一次，这位母亲问自己的女儿午餐时想喝咖啡还是牛奶。这个小女孩站在门口，非常清楚地嘟囔着说："她说要咖啡，我就要牛奶；要是她说牛奶，我就要咖啡！"

这个孩子将自己的所思所想表露得十分明显。然而，与她同类型的儿童，大多数都无法直白地表露心声。或许，每个孩子在某种程度上都带有这种特征，都会毫无保留地实现自己的意志，哪怕不能获得任何好处，甚至可能还会因为随心所欲而承受痛苦和不幸。在绝大多数情况下，是因为大人对孩子的纵容，孩子才会形成这种为所欲为的性格。如今，这种自行其是的场景在生活中并不罕见。因此，在成年人中，我们会发现那些渴望按照自己的方式行事的人，比那些希望帮助他人的人数量要多得多。有些人虚荣心太强，无论他人提出什么事情，他们都拒绝去做，即使这些事情是世界上最不言而喻的，并且的确有关这些人的自身幸福。这些人不会等别人说完建议之后才提出反对意见和异议，而且，还有些人的意愿在很大程度上是受虚荣心驱使的，以至于当他们想说"是"的时候，实际上说出的却是"不"。

只有在自己的家庭圈子之内，一个人才有可能总是我行我素，而且也并不总能如愿。我们经常可以看到，有些人与陌生人交谈时会表现得和蔼可亲、彬彬有礼。然而，这种交流不会持续太久，很快就会中断。当然，他们会再次寻找谈话的契机，但这种情况并不多见。因为人生就是如此，大家不断相聚在一起，所以我们经常会发现这样一类赢得了大家的喜爱之后却很快转身离开的人。许多人都在竭尽全力将自己的活动控制在家庭生活圈子内。比如我们这位病人，因为她的性格极具魅力，在家庭之外，大家都认为她是个可爱的人，并且讨人喜爱。但不管何时出门，她总会早早回家。而为了早点回家，她的身体就会出现种种不适。如果她去参加聚会，她就会头疼（这是因为在任何一场社交聚会上，她都不能像在家里一样，保持绝对的权力感），因此只能回家。由于除了在家庭生活中她能处于中心位置，在其他任何地方她都无法解决自己生活中的主要问题，也就是满足其虚荣心的问题，所以只要有必要，她就会想出一些方法来强迫自己回家。她的病情不断恶化，以至于每次在陌生人面前，她都会表现得既焦虑又激动。后来，她甚至没法去剧院，最终连出门都很难做到。因为在这些场合下，她都丧失了那种全世界都臣服于她的意志的感觉。她渴望的情况是，她不能被家庭圈子以外的人找到，尤其是不能出现在大街上。结果是，她宣称她不喜欢在外面抛头露面，除非是和她"亲近的人"一起。她喜欢的理想状态是时刻被那些关怀她的人、希望她幸福的人围绕着。在研究过程中我们还发现，她很小就已经形成了这种生活模式。

她年纪最小，身体最弱，也最容易生病，因此比起其他孩子，她需要更多的关爱和照顾。她抓住儿童时期备受宠爱的生活状态不放，而且要不是因为这种状态干扰了人生中某些不容更改的条件（这些条件与她的这种状态产生了尖锐的矛盾），她本会一直不惜一切代价保持这种生活状态。所有人都能看出她的不安和焦虑，因为那实在太过明显。这也暴露出一个事实，那就是她在解决自身虚荣心的问题上没有选择正确的道路。她采取的解决办法之所以行不通，是因为她没有想过服从社会生活的要求，进而导致她解决问题的不当表现十分惹人厌，最终只能向医生寻求帮助。

现在，是时候揭开她这么多年精心构建起来的这个观念体系了。我们必须克服巨大的阻力，因为表面上看起来她在向医生求助，但其实她心中并没有做好改变自身的准备。她真正想要的，是继续像以前那般控制自己的家人而不用付出代价，不用忍受在街上和别人见面带来的焦虑状态。但凡事都有两面性，医生向她表明了她是如何受到自身无意识行为的控制的，她希望享受这些行为带来的优待，却又想避开这些行为的弊端。

这一实例清楚地说明了，过度膨胀的虚荣心会成为一个人的终身负担，并阻碍其全面成长，最终导致这个人遭遇彻头彻尾的失败。患者如果关注的只是虚荣心带来的优势，就无法理解这一点。正因此，许多人将自身的抱负（其实称为虚荣心更为贴切），视为难能可贵的性格特征，并对此深信不疑。他们始终不明白，虚荣心会使一个人产生不满足的心理，并且让他寝食难安。

我们不妨再举个例子来证明我们的观点。一位二十五岁的年轻人必须去参加一场期末考试，但他没有参加，因为他突然对这门学科失去了兴趣。由于深受糟糕情绪的困扰，他开始认为自己一无是处，并且满脑子充斥着这种想法，最后完全没法去参加考试了。他的童年回忆充斥着对父母的强烈不满，认为父母的不理解拖了他成长的后腿。在这种心境的影响下，他开始认为所有人都毫无价值，不值一提。就这样，他便"成功"找到了远离人群的理由。

可以看出，虚荣心是一种推动力，让他不断找到理由和借口，来逃避一切考验其能力的测试。就在期末考试前一刻，他脑子里充斥着这些强迫性的想法，深受绝望与怯场的折磨，因而完全无法进行考试。这些借口对他而言非常重要，因为即便当下他没有取得优异的成绩，他的"人格感"与自我价值感也能得以保全。他一直随身带着"保护伞"，这让他有了安全感，这样他便可以认为是疾病与命运的不公阻碍了自己的发展，以此安慰自己。我们在这种阻碍个体接受考验的态度中，看到了虚荣心的另一种表现形式。这种虚荣心，会让一个人在做有关自身能力的决定时绕道而行。他会想到失败后自己将会失去的那份荣耀，会开始怀疑自身的能力。他已经知晓那些永远无法相信自己可以做决定的人所用的秘诀！

我们的患者正属于这种人。他对自身情况的描述表明，他确实一直属于这类人中的一员。每当遇上需要做决定的时候，他都会犹豫不决、畏首畏尾。由于我们的观察只放在对动作和行为模式的研究上，这种姿态在我们看来意味着，他渴望停下来，并且不愿意再继续前进。

他是家里最大的孩子，也是唯一的男孩，他还有四个妹妹。除此之外，他也是家里唯一的大学生，也可以说是家里的明星人物，家人都对他寄予厚望。他的父亲从不放过任何一个激发他雄心壮志的机会，也不厌其烦地告诉他将来要取得哪些伟大成就。这个男孩渴望变得比世界上的任何人都强，这个目标一直摆在他眼前。而现在，由于陷入了不安与焦虑的情绪中，他开始怀疑自己能不能真的实现自己的目标，于是虚荣心便向他伸出了援手，指出了逃避这一方法。

这一点向我们表明，在虚荣心急速膨胀的过程中，一个人的进步是如何被阻碍的。虚荣心往往与社会感较劲，而在这场复杂的搏斗中，人是找不到出路的。尽管这是事实，但我们还是可以观察到，虚荣本性从早期就不断想挣脱社会感的束缚，走出一条自己的孤立道路。这让我们想起了一些人，这些人会按照自己的幻想想象出一座陌生城市，然后带上自己的蓝图，去到那座城市，到处寻觅自己想象中的那些建筑。他们自然找不到那些建筑，所以他们推卸责任给可怜的现实。以自我为中心和贪慕虚荣之人的命运大致如此。这种人会在自己与他人的所有关系当中，通过权力、阴谋以及背信弃义来实施自己的想法，以达成目的。他们会等待机会，指出别人的不对和别人正在犯的错误。只有成功地证明——至少是向他们自己——他们比别人聪明、优秀，他们才会感到快乐。可其他人并不会关注他们的想法，这意味着他们的挑衅失败了。然而即便如此，这种爱慕虚荣的人依旧会坚持认为自己是正确的，是优越的。

实际上，这些都是拙劣的手段，任何人都可以利用这些手段，想象出自己希望相信的一切。就像例子当中的病患的情况一样：一个本应该努力读书、汲取书本知识或者参加考试实现其真正价值的人，却因为站在错误的角度看待事物而误解了自身的缺陷。他高估了形势，并且认为他的终身幸福和全部成功都岌岌可危。于是，他不可避免地陷入了一种没有人能够承受的紧张状态中。

对这类人而言，生活中的所有社会关系都至关重要。每一次谈话、每一个字眼的价值，他都是基于自己能否成功来进行衡量的。这是一场无休止的战争，最终只会将那些把虚荣心、野心和不切实际的幻想变成自己实际生活中的行为模式的人带入新的困境，让他们错失人生中所有真正的幸福。人要想获得幸福，就必须承认现实生活，满足现实生活所要求的条件。一个人一旦将这些真正无法避免的条件置之不理，就会堵住自己通往幸福和快乐的所有道路，并且无法感受到那些对他人来说意味着满足与幸福的事情。这种人能做的，充其量就是幻想自己凌驾于他人之上，主宰着他人，尽管他们到头来会发现自己的幻想是不可能实现的。

如果这种人曾经拥有过这种优越感，他们也不难发现，会有足够多的人愿意乐此不疲地与他们争夺这种优越感。对此，他们毫无办法。我们无法强迫任何人承认他人更优越，所以剩下的，就只有这类可怜人那种捉摸不透、飘忽不定的自我评价了。当一个人陷入这种行为模式时，再想与他人进行交流或取得真正意义上的成就，就会变得十分困难。这场游戏中不会有真正的赢家！参与竞争的人会一直受到攻击和打压，他们任何时候都要装作很强大、很优越，以遮掩他们内心的痛苦！

当一个人是通过为他人做贡献来获得声誉时，就完全是另一回事了。在这种情况下，他的荣誉是不请自来的，而就算有人反对这份荣誉，这种反对也无足轻重。他依旧可以泰然自若地享受这份荣誉，因为他做的所有事情都并非建立在虚荣心之上。起决定性作用的是那种不以自我为中心的态度，以及对提升自身人格的不懈追求。而爱慕虚荣的人，总是在一味期待与索取。相比较起来，那些表现出良好社会感的人，终其一生都在思考这样一个问题："我能给予什么？"所以，从性格和价值观方面，你就能看出这两种人的巨大差异。

这样，我们就得出了一个数千年前就为人们所知晓的观点，用《圣经》中一句名言来表达就是"施比受更为有福"。如果我们仔细思考一下这句话的意义，思考它对伟大的人性经验的表述，我们就会认识到，它所强调的就是乐于给予的态度和心境。也正是这种给予的心态，或者说提供帮助的服务心态，本身就可以带来一定的心理补偿和精神和谐。这就像上帝赐予的礼物，深深扎根于给予者的心中。

而另一方面，贪婪索取的人通常都不知满足。他们为了追求幸福，会一心只想着自己还应获得些什么，还需要拥有些什么。贪婪者从来不会把关注点放在别人的需求上，相反，他人的悲惨遭遇对他们而言是一种幸福。在他们身上，根本没有与生活协调统一、和谐相处的空间。他们所要求的，是其他人完全服从于他们基于利己主义所规定的准则；他们所要求的，是一种完全不同于现实世界的思考、感受及生活方式。简而言之，他们的不知满足与厚颜无耻是如此可憎，就如同他们的性格在其他方面表露出的那样。

虚荣心，还有另一种更加原始的表现形式。这种形式可以从那些穿着引人注目或自以为是的人身上看出来，他们把自己打扮得与众不同，目的就是华丽亮相。这与原始人的某些做法几乎无异，当达到某种程度的自豪与荣耀时，原始人会通过在头上插一根特别长的羽毛来显得与众不同。有很大一部分人，会通过打扮得花枝招展和紧跟潮流来获得极大的满足感。这种人身上佩戴的各种饰品表明，他们的虚荣心已经达到一定程度。这些饰品就像交战时的徽章或武器一样标志着他们的荣耀，目的就是吓退敌人。有时，这种虚荣心还会带有情欲意味，或者通过一些看起来十分轻浮的文身来表达。在这些例子当中，我们会觉得这类人在哗众取宠，虽然他们只能以厚颜无耻为代价，但也在所不惜。之所以如此，是因为这样做能让他们产生一种自己比他人了不起、比他人优越的感觉。还有些人则会在自己表现得冷酷、残暴、顽固和孤僻时产生这种感觉。但其实这些人与其说是无礼，不如说是脆弱。他们的冷酷无情，不过是装腔作势罢了。这样的男孩尤为如此，他们看上去面无表情，但实际上，这显示了他们敌视社会感的态度。那些受此类虚荣心驱使的个体，内心希望扮演某个让他人痛苦的角色，任何细腻的情感诉求都会让他们觉得受到冒犯。这种诉求，只会让他们的态度更加强硬。我们已经见过太多这种例子：父母对着孩子倾诉他们的苦痛，但孩子实际上从父母的悲伤中获得了一种自身的优越感。

我们已经注意到，虚荣心往往不喜欢以真面目示人。若爱慕虚荣的人想要控制别人，他们就得先获得别人的好感，这样才能让别人与自己绑定在一起。因此，我们不能放任自己完全为一个人表面上可能展露的和蔼、友善以及愿意交谈的态度所欺骗；也不能受到欺骗，断然认为他可能不是一个争强好胜、渴望通过征服他人来保持个人优越感的人。

这场斗争的第一阶段，必须是稳定对手，然后用花言巧语进行哄骗，直到对手放松警惕。在这一以友好面目接近对手的阶段，人们极易受到诱惑，从而相信进攻者是一个极具社会感的个体。而第二阶段他们的伪善就会表现出来，让我们意识到自己对他们的错误认知。这是一些会让我们感到失望的人。我们以为他们有两个灵魂，但实际上他们只有一个。这个灵魂让他们能够以和蔼可亲的态度接近我们，结果却给我们带来痛苦。

这种交际方式如果能运用到极致，将会堪比一种灵魂欺骗游戏。他们要在这场游戏中取胜，就必须全身心投入。他们整天把人性挂在嘴边，一举一动中都体现了对他人的关爱。但这种关爱的方式过于明显，以至于使人生疑、警惕。一位意大利犯罪心理学家曾经说过："倘若一个人的态度好到超乎寻常，将博爱与仁慈表现得过于引人注目，我们就完全有理由对他表示质疑。"这番话我们自然不能全盘接受，但有一件事我们可以确定，那就是这个观点颇有道理。大体来说，我们都能轻易识别这类人，因为他们极爱阿谀奉承，而所有人都厌恶这一点。这种做法很快会让人感到不适，而且人们对阿谀奉承者往往都会非常警惕。我们可以提醒那些野心勃勃的人，这种做法起不了作用，还不如用其他更加温和的手段效果会更好。

在本书的第一部分，我们已经对精神发展在何种条件下更容易偏离正轨有了全面的认知。从教育的角度来看，问题就在于，在这类情形下，我们面对的儿童都早已对自身周围环境形成一种争强好胜的心态。

尽管我们的老师明白其责任所在，明白这种责任深深存在于生活的逻辑中，他们也无法将这种逻辑强加到儿童身上。唯一的办法，似乎就是避免制造让儿童争斗的处境，将儿童当成教育的主体而不是客体，并且像对待成年人一样对待儿童，让他们跟老师处于平等的地位。倘若能做到这一点，儿童就不会认为老师在对他们施加压力或是忽视了他们，还能避免儿童因此而采取反抗行为。要知道，一旦产生了这样的心态，任何人都会滋生无穷无尽的欲望和野心，继而受困于种种复杂的关系中，在思想、行动和性格上发生重大改变，最终人格堕落，彻底走向毁灭。

童话故事非常有特色，也提供了许多展示虚荣心所带来的危险的例子，它还是人们汲取关于理解人性的知识的源泉。在这里，我们必须重温一个童话，它以一种十分戏剧性的方式，展示了任由虚荣心发展是如何导致人格毁灭的。这篇童话名为《渔夫和他的妻子》（*The Vinegar Jar*）。这个故事说的是，一位渔夫放生了自己捕的一条鱼，这条鱼出于感激，可以帮助渔夫实现一个愿望，于是渔夫的愿望实现了。但渔夫的妻子不知满足且贪婪无比，她要求渔夫改掉原先的朴实心愿，而是许愿先让她变成一位女公爵，接着是女王，最后竟然还想成为上帝！渔夫的妻子一次又一次地将渔夫打发到鱼那里去，直到有一天，那条鱼对她想成为上帝的要求忍无可忍，再也没有理过渔夫。

虚荣心与野心的发展是没有边际的。在相关的童话故事和那些爱慕虚荣者的狂热追求中，对权力的渴望到了要成为上帝这样的程度，这十分有趣。我们不难发现，爱慕虚荣的人会表现得好像他们自己就是上帝一样（这发生在十分极端的情况下），或者他们的一举一动都表现得好像自己是上帝的代言人，又或者他们会提出一些只有上帝才能满足的心愿与渴望。这种对成为上帝般存在的追求，就是这种人在所有行为中都有的性格倾向的极端，相当于一种让自己突破人格限制的渴望。

我们这个时代有很多可以表明这种性格倾向的证据。有相当一部分人都对灵性、精神研究、心灵感应及类似的心理活动感兴趣，他们是一群渴望突破人性界限的人，是一群渴望获得人类并不拥有的种种力量的人，还是一群希望在与鬼魂和死者灵魂交流过程中挣脱时间与空间束缚的人。

倘若进一步研究，我们就会发现，有相当多的人想在上帝周围获得一小片天地，也有一定数量的学校，他们的教育理想就是让学生成为上帝般存在的人。诚然，这种理想是过去所有宗教教育的一种自觉理想，我们只有带着敬畏之心，才能检验这种教育成果。而现在，到了去寻找另一种更加合理的理想的时候了。但可想而知，对成为上帝般存在的追求已经在人们心中根深蒂固，要想根除十分不易。除了心理方面的原因，还有一个原因是，大部分人最早关于人性的认知都来自《圣经》中那些耳熟能详的话，这些话宣称，人类是按照上帝的形象被创造的。我们可以试想一下，这种观点会给一个年幼孩子的心灵带来怎样深远与危险的后果。当然，我们得承认《圣经》是一部伟大作品，值得人们在具备成熟的判断力后反复阅读。人们会惊叹于这部作品的洞察力。但是，我们不应该将《圣经》教给孩子，至少不能让孩子全盘接受，而应当在教授时加以解释。这样才能让孩子学会满足于现实的人生，不会因为自己是按照上帝的形象被创造的，就想拥有种种奇幻能力，甚至想奴役所有人。

与这种渴望成为上帝般存在的人的心态密切相关的，是所谓的乌托邦童话，在这样的故事中，所有的梦想都会实现。虽然儿童很少相信这种童话场景的真实性，但倘若我们注意到儿童对魔法都极感兴趣，那么我们就会意识到儿童极易受到这方面的诱惑，也极易陷入这类幻想中。对魔法和影响他人的奇特力量的渴望，在某些人身上极为明显，这种想法可能要等他们到了一定年纪才会消失。

在这一点上，有件事也许没有哪个男性能完全否认：从迷信感觉的角度来说，女性对男性有着魔法般的影响。我们可以看到，很多男性都表现得像是他们受到了另一半魔法般的影响一样。这种迷信，不由得会让人想起一段比如今还坚定地持有这一信念的时期①。当时，女性会因为随便一个托词，被人称为巫婆或者占卜师。这种偏见曾经就像噩梦一样笼罩着整个欧洲，并在某种程度上决定了欧洲数十年的历史。倘若我们还能回忆起曾经有一百万名女性因此受害，我们就不能认为这种迷信是无害的错误，而必须将它与宗教法庭和世界大战所带来的危害相提

————

① 这一时期指的是"猎巫运动"时期，发生在十五世纪末至十七世纪。在那段时间，欧洲各地发生灾乱，"魔鬼说"的思想大行其道。不论是宗教还是世俗司法机关，皆大力缉捕所谓的巫师，然后用不合理的秘密审讯和严厉的刑罚，轻易地判人入狱。在这场恐怖的运动中，女性是最大的受害者，无数无辜的女性被判定为女巫而处以火刑。——译者注

并论。

在追求成为上帝般存在的过程中，也有人借助虔诚地信仰宗教来满足自己的虚荣心。受过精神创伤的人习惯远离人群，与上帝进行个人交流，这对他们而言极为重要。这种人自认为与上帝十分亲近，他们认为由于自己虔诚祈祷和遵循正统仪式，上帝应该责无旁贷地关心他们的幸福安乐。他们这种在宗教信仰上的把戏，通常都不是真正意义上信仰宗教，而只会让人觉得他们纯粹是精神方面出现了问题。一名男子曾经说过，他只有做了某种祷告才能入睡，因为如果没能向上天进行祷告，世界上的某个地方就会有人遭遇不幸。很明显，他在说大话。要想全面理解这些话，我们只需要反向推论，而后再去理解。在这个例子中，男子想的是："要是我祷告了，他就不会受到伤害了。"这种想法很容易让人神化自己的行为。通过这种微不足道的手段，一个人也许真的能够扭转特定时间下某个人遭遇的不幸。在这种虔诚祈祷之人的白日梦中，我们可以发现一些相似的行为，这些行为超出了人类的能力范围。在这些白日梦中，我们能看到一些空洞的姿态和勇敢的行为，尽管它们不能真正改变事物的性质，却能成功地让做梦之人和实际生活分离开来。

在人类文明中，有样东西似乎有着无尽的魔力，那就是金钱。许多人认为，有钱能使鬼推磨。毫不奇怪，这些人的野心和虚荣心让他们将注意力集中在金钱和财富上。因此，他们对财富无休止的追求也就不难理解了。在我们看来，这种追求多少是有些病态的。而且，除了受虚荣心驱使，试图通过敛财来获得非比寻常的力量外，在这种追求当中别无他物。有个十分富有的人仍在追逐金钱，尽管他早已积累了足够多的钱财。在刚患上妄想症的时候，他承认："没错，你知道吗？那（金钱）就是有着不断诱惑我的力量！"这个人已经明白这一点，但还有很多人想都不敢去想这件事。如今，有权与有钱密不可分，对金钱与财富的追求似乎也变得理所应当，以至于没人会注意到这样一个事实：许多人除了追逐金钱，什么也不干，这一行为其实是受虚荣心驱使的。

最后，还有一个例子可以说明我们前文所谈及的关于虚荣心的每个方面，同时还会让我们理解另一种虚荣心作祟引发的现象，即青少年犯罪。这个例子讲的是一对姐弟。弟弟年纪小，大家都认为他不那么聪明，而认为姐姐能力出众。当弟弟认为他再也无法与姐姐竞争之后，便放弃了这场竞争。虽然所有人都尽力帮他扫清前行的障碍，他还是退到了默默无闻的角落。与此同时，他还背负着沉重的负担，这负担差不多就是默认自己没有天赋。从很小的时候开始，就总有人在弟弟耳边说，姐姐能够轻而易举地克服所有人生难题，而他只能做一些平庸的事情。这样一来，因为姐姐占据优势地位，人们自然而然地认为弟弟是无能的，虽然事实并非如此。

后来，弟弟带着这种负担进了学校。他是典型的具有悲观倾向的儿童，不惜一切代价避免他人发现自己能力低下。在长大的过程中，他还萌生出让其他人以对待成年人的方式对待自己，而不是扮演在他看来十分愚蠢的学生的想法。在他十四岁那年，他就已经时常出入成年人的社交聚会，但内心深处的自卑感像一根刺一样扎在他心里，不断逼迫他去思考如何表现得像一位成年的绅士。

他最终还是误入歧途，在妓院乐而忘返。他的开销大多花在了妓院的玩乐上，而同时，他渴望扮演成年人的心态使得他不愿意开口向父亲要钱。于是，只要是他认为有必要花钱的时候，他就偷父亲的钱，而且丝毫不会因为偷盗这事感到羞愧，因为他认为这是成年人的做法，自己是在帮助父亲管理钱财。这种情况一直持续到有一天他害怕自己的成绩可能及不了格，而留级这件事会成为他能力不足的证据，他并不敢将自己能力不足的事公之于众。

此时，下面的事情发生了：他内心突然感到深深的不安与自责，而这种情绪干扰了他的学习。通过这种心理花招，他的处境竟得到了改善。因为如果考试不及格的话，他对外就有了绝佳的借口。他深受悔恨和自责的折磨，每个面临相似处境的人都可能在考试上发挥不利。同时，注意力的高度分散也阻碍了他的学习，因为他会不断地思考其他事情。以这种状态度过了白天以后，黑夜降临，他又带着自己在学习上已经十分努力的这种想法入眠，但事实上，他是那种根本没把心思放在学习上的人。此后发生的事情，也让他继续保持这种状态。

他被迫早起，结果一整天都昏昏欲睡，根本不能集中精力学习。这样，我们自然就不能要求他与自己的姐姐竞争了！现在，应对此负责的不再是他的能力不足，而是他糟糕的心理状态，即懊悔与自责交织在一起，让他得不到片刻安宁。最终，在这种情况下，他即使失败也情有可原，没有人可以怪他不够聪明。但万一要是成功了，那就是他能力的明确体现。

　　看到上述这种把戏的时候，我们可以肯定，虚荣心是背后的始作俑者。在这个例子中，我们可以看出，为了避免被人发现自己身上有一种被断言但实际不存在的无能，一个人可以不惜陷入违法犯罪的危险境地。野心和虚荣心给人生带来了这种复杂的情况，并使人误入歧途，让人不再坦诚，也剥夺了人生中所有真正的快乐、乐趣与幸福。倘若我们能够更加细致敏锐地研究一番，就会发现这一切仅仅源于一个愚蠢的错误，即野心和虚荣心。

2. 嫉恨

嫉恨是一种常见且有趣的性格特征，这里的嫉恨并不仅仅指的是在爱情关系中的嫉恨，还包括所有其他人际关系中的嫉恨。因此，我们发现儿童会在试图超越他人时滋生出嫉恨，也可能产生野心。伴随着这两种性格特征，他们会对这个世界表现出一种争强好斗的态度。嫉恨就如同野心的姐妹，萌生于那种受到忽视和歧视对待的感觉，并且可能会影响终身。

在通常情况下，每当有弟弟或者妹妹降生时，大一些的孩子就会出现嫉恨的心理，因为相比他们，新生儿会获得父母更多的关注，他们会觉得自己像是被废黜的君王。那些在弟弟妹妹出现之前，沐浴在父母暖阳般温暖舒适的宠爱中的孩子，嫉恨心会变得极强。例如下面这个案例中的女孩，她在八岁时犯下三起谋杀案，这足以证明嫉恨心在一个人身上可以有多强。

这个小女孩发育稍微有些迟缓，由于身体柔弱，她的父母不让她做任何剧烈运动。因此她发现自己处于一个相对较安逸、友善的环境中。但是当她六岁的时候，她的家庭里多了一个妹妹，这使得她的那种安逸、友善的环境突然发生改变。同时，她的心理也发生了翻天覆地的变化，她开始带着冷酷无情的恨意去虐待和迫害她的妹妹。她的父母不能理解她的这种行为，于是便开始对她严厉起来，并且试图让她对自己所做的每一个错误行为负责。突然有一天，在这个村庄旁的小溪里发现了一个小女孩的尸体。一段时间后，人们又发现了一个溺死的女孩。最后，当我们的这位患者将第三个小孩子扔进水中时，她被当场抓获。她承认了自己的那些谋杀行为，人们将她送进了一家精神病院进行观察，最后又把她放入了一家疗养院接受进一步的教育。

在这个案例中，这个小女孩把对自己妹妹的嫉恨，转移到了别的小孩子身上。同时，我们可以注意到，她对男孩没有任何恶意，而且好像她从这些被她杀害的小孩子身上看到了她妹妹的影子。她试图在其谋杀行为中，满足自己因受到忽视而产生的复仇心。

当家庭中有了弟弟妹妹的时候，大一些的孩子更容易产生嫉恨心。在我们的社会中，一个女孩的命运总是不受关注的，当她看到弟弟一出生时就受到了更加热烈的欢迎，并且在之后得到了更多的照顾和宠爱，甚至获得了一个女孩无法享有的各种优势时，她就很容易变得伤心沮丧。

这样的情形自然会引发女孩对弟弟的敌视。这可能导致一个女孩像妈妈一样去照顾她的弟弟，通过这种方式来表达她的爱。然而从心理学上来讲，这跟上述讨论的案例并无不同。如果一个姐姐采用母亲的姿态去对待比她年纪小的弟弟妹妹，那么她就重新回到了一个掌控着权力的地位，所以她可以随心所欲地做很多事情。这种手段可以使她从不利的地位中，创造出一种对她有利的条件。

兄弟姐妹之间那种扩大化的竞争，是导致家庭嫉恨的一个最常见的原因。当一个女孩受到忽视时，她就会不断地迫使自己战胜她的兄弟。自然而然，经过她的勤奋努力，她会远远超过她的兄弟，但这也得益于她兄弟的帮助。在青春期的时候，无论是从心理上还是生理上，女孩总是会比男孩发育得更快，尽管这种差距会在接下来的几年慢慢趋于平等。

嫉恨的形式成百上千，比如猜疑、阴谋、批评他人和害怕被忽视等。嫉恨将以何种形式表现出来，完全取决于人们为社会生活所做的准备程度。自杀也是嫉恨表现形式中的一种，还有一种形式则是强烈的固执。故意对他人的活动进行破坏，无意义地反对他人，为了让人服从而限制他人的自由，等等，都是强烈的固执的表现。

有嫉恨心的人最喜欢的把戏之一，就是给他人的行为制定一系列规则。当一个人试图强迫自己的另一半遵循一些打着爱情旗号的规则时，当他在所爱的人周围筑起一道围墙或者规定她应该看哪里、应该做什么以及应该怎么想时，他就很明显有这种典型的心理特征。嫉恨也可以被用来贬低和责备他人。其实这些方式都是为了剥夺他人意志的自由，用规则去限制或者束缚他人。对于这一种行为类型，我们可以在陀思妥耶夫斯基所著的小说《涅陀契卡·涅兹凡诺娃》中找到相当精辟的描述。在这部小说中，一个嫉恨心极强的丈夫，通过我们上述所提到的方式，控制和支配他的妻子，并且成功地操控了他妻子的一生。由此可见，嫉恨其实是一种特别明显的追求权力的表现形式。

3. 嫉妒

除了之前论述的两种性格特征，我们必然还可以在一个拼命追求权力和控制力的人身上找到嫉妒这一特征。倘若一个人的目标过于不切实际，那现实与目标之间便会出现一道鸿沟，通常以自卑综合征的形式表现出来。这道鸿沟会不断地压迫他，带给他一种目标遥不可及的感觉，从而影响他的日常行为以及他对生活的态度。这种有嫉妒特征的人会花时间衡量别人的成功，介意别人是怎么看待自己的，或者关注别人已经达成什么成就。与此同时，他又会因被忽视而深受伤害，甚至觉得自己受到区别对待。

实际上，这种人所拥有的和其他人一样多。这种受到忽视的感受有多种多样的表现形式，同时它也代表了几种含义：虚荣心无法得到满足，渴望比周围人得到更多或者实际上想要得到一切。心怀嫉妒的人不会说他们想要拥有一切，因为切实存在的社会感会阻止这些想法的产生，但是从他们的行为中我们可以确定，他们的确有这种想法。

在不断衡量他人成功的过程中，人们会滋生出一种嫉妒感，但这种嫉妒感并不会增大自己获取幸福感的可能。社会感的普遍存在，也导致嫉妒普遍地受到厌恶。然而，每个人都或多或少会有嫉妒心理，没有人可以完全地幸免于此。这种嫉妒心理不会在生活一帆风顺时表现出来。但是当一个人开始经受苦难或受到压迫，缺少金钱、食物、衣服和温暖，觉得自己的未来一片黑暗，没有办法摆脱目前的不幸困境时，嫉妒便会开始显现出来。

现在我们还处于人类文明的初始阶段，有很多方面亟待完善。哪怕我们的伦理道德和宗教信仰都不允许我们心存嫉妒，但是我们尚未拥有成熟的心理，所以暂时还无法摆脱嫉妒心理。我们可以很好地理解穷困潦倒者的嫉妒，却难以理解一个身处困境之人宣称自己毫无嫉妒心的做法。总而言之，我想说的是，在对嫉妒进行考察时，我们务必结合当下的社会背景，并且与整个社会的普遍精神状态相结合。一旦个体或者群体的行动受到过多的限制，那么人就会不由自主地产生嫉妒这一心理，这一点我们得承认。但是，当嫉妒以那些我们最讨厌且不赞同的方式出现时，我们就真的不知道该以何种方法才能消除这种嫉妒心以及它所引发的仇恨了。生活在这个社会里的人应当清楚，那就是不要去考验自己是否有嫉妒的倾向，也不要去主动激起这一心理。我们应该保持足够的理智，不让任何意料中的嫉妒发展得过于强烈。这种做法或许不会完全消除嫉妒，但是，我们至少可以有一个最低要求：我们不应该在同伴面前炫耀一丝哪怕只是暂时性的优越感。因为这种无意义的炫耀，也许会在无意间伤害到他人。

我们可以发现，个体与社会之间密不可分是嫉妒产生的原因之一。如果一个人凌驾于社会之上，那么他在向同伴展示自己的权力的时候，必定会引起那些想阻止他成功的人的强烈不满。嫉妒心的存在，迫使我们在人类社会中建立起保障平等关系的种种措施和规则。在这里，我们可以很自然地想起那条著名的社会法则：人人平等。这是人类社会的基本法则之一，一旦有人破坏这一法则，立刻就会引发敌对和混乱。

事实上，有时候通过一个人的面部表情，我们就可以很容易地看出他是否心存嫉妒。长期以来人们所说的嫉妒表现往往都伴随着生理现象。比如，我们会说一个人嫉妒得脸色"发青"或者"惨白"，所指的实际情况就是嫉妒会影响人的血液循环。在这里，嫉妒心理在生理上的表达，就是毛细血管末端收缩。

从教育的角度来说，我们有且只有一条路可走：既然我们无法彻底消除嫉妒，那就尽量使它能为我们所用。为此，我们可以提供一种方法让其有所裨益，同时又不会给我们的精神生活造成太严重的冲击。这种方法，不论是对个体还是群体，都行之有效。就个体层面而言，我们建议人从事能够提升自尊心的工作；就国家层面而言，对于那些觉得自己受到忽视，并且嫉妒其他繁荣国家的落后国家，我们应该帮助它们找到合适的发展道路，进而摆脱贫穷与落后。

对社会而言，任何一个嫉妒者都是害群之马。这种人一心只想从别人身上夺取东西，甚至想通过某种手段剥夺他人的一切，干扰他人的生活。同时，这种人还会因为自己没有达成目标而找各种各样的借口，并且将自己的失败怪罪到他人身上。他们好斗、爱捣乱、不合群，是不愿意为他人奉献的人。由于不想给自己带来困扰，这种人几乎不会体谅他人的处境，因此可以说他们对人性一无所知。如果这种人的行为给他人带来了不幸，他们也不会心怀愧疚，甚至还会以此为乐。

4. 贪婪

　　贪婪与嫉妒紧密相关，相伴相生。我们所提及的这种贪婪，它的表现形式不仅仅是喜欢积攒金钱的贪财，还包括意义更为广泛的贪婪，主要表现就是，一个人不能给他人带来快乐，并对社会和其他所有人都持有一种贪得无厌的态度。贪婪者会在其周围筑起一道围墙，以保护他们所拥有的那些可悲的财宝。从这些表现中，一方面，我们可以认识到贪婪与野心、虚荣心之间的联系；另一方面，我们也可以发现贪婪与嫉妒之间的关系。其实，所有的这些性格特征通常都会同时出现，这并非夸大其词。因此，如果一个人身上出现了这些特征中的一种，那么我们就可以说他身上同时存在着其他几种特征。对此，我们无须惊讶。

　　当今文明中的每个人基本上都会表现出不同程度的贪婪。普通人最多能做的，就是将这种贪婪掩饰或者隐藏在一种夸张的慷慨背后。然而，这种做法几乎等同于施舍，就是一种试图通过慷慨的姿态，牺牲别人的利益，从而提升自我人格感的行为。

在某些情况下，贪婪也可以是一种可贵的品质。比如，我们可以对时间或劳动表现得贪婪，想尽办法节约时间或精力去做更有意义的事情。现如今，有一种明显的趋势，倾向于将"时间管理"推上时代舞台，甚至要求每个人都对自己的时间与劳动精打细算。这一思想在理论上是非常合理的，但是，我们却总能在其投入实际应用的地方看到，它其实是在为个人的优势地位和权力目标服务。这一根据理论得出的观点，经常被人们误用。对时间与劳动的贪婪，直接导致一些人将真正的工作负担转移给他人。然而就像其他所有行为一样，我们评判这种做法的唯一标准就是它是否对社会有益。科技时代的一个显著特点是，人类被当作机器，并被要求像机器一样去遵循生活的规则。对机器而言，这些规则通常都是合理的，但是对人类来说，这么多规则最终将会导致分离、孤独，以及人际关系的不和谐。因此，我们最好调整自己的生活，去给予，而不是节省。我们不能从这一原则中断章取义，也不能允许有人利用这一原则做坏事。事实上，假如一个人心中始终牢记人类共同的利益的话，就不会去利用这一原则去干坏事了。

5.仇恨

从好斗者的身上，我们发现仇恨这种性格特征十分常见。仇恨的性格倾向（常出现在童年早期），可能会表现得非常强烈，比如勃然大怒，也可能表现得比较温和，比如埋怨和不满。一个人的仇恨和埋怨程度，是反映其人格的一个很好的标志。当我们知道这一事实后，我们就可以充分了解一个人的心灵，因为仇恨与恶意都会让他的人格产生个性化的色彩。

仇恨的对象是多种多样的。它可能会存在于各种人们必须完成的任务中，指向某个人、某个国家、某个阶层、某个种族或者特定的性别。**仇恨一般不会公然表露，而是会像虚荣心一样掩藏起来，比如伪装成一种常见的批判态度。当仇恨发展到一定程度时，便可能会切断一个人与他人的所有交流。**有时，一个人的仇恨心理可能会像一道闪电一样突然爆发。有一名患者就是如此，他不用服兵役，却说对那些可怕的屠杀以及灭族报道有浓厚的兴趣。

仇恨突然爆发，在犯罪活动中表现得尤为明显。比较温和的仇恨形式在我们的社会生活中发挥着重要的作用，丝毫不会给人带来不适感或恐惧感。愤世嫉俗，暴露的是一种对人类高度仇视的心理，也是仇恨的伪装形式之一。有些哲学流派的作品中就充斥着愤世嫉俗与敌视人类的态度，以至于我们可以将它们与粗俗又不加修饰的残忍暴行相提并论。有时，这种伪装会体现在一些名人传记中。深究艺术家传记中的内容是否属实其实没那么重要，而是要记住，艺术家身上有时的确会带有仇恨与残暴的心理。而作为艺术家，要想创作出受人认可的作品，本应该怀揣仁慈之心才是。

仇恨的表现形式随处可见。我们在此不逐一探讨这些表现形式与某种愤世嫉俗之间的关联，因为这太偏离我们的主题。有些人在选择某种工作或职业的时候，必定会受某种愤世嫉俗心理的影响。格里尔帕策①曾说过："一个人的残忍本能会在其诗歌中充分展露。"当然，这绝不意味着，没有仇恨心理就不能从事这些职业。恰恰相反，在一个对人类持仇视态度的人决定从事某项工作（如参军）时，他的全部仇恨就都指向了（至少从表面上看确实如此）与社会体制相匹配的方向。这是因为，他必须为适应组织而进行调整，也必须与那些从事同类工作的人建立联系。

---

① 格里尔帕策（Grillparzer），奥地利剧作家，人道主义者，反对封建专制主义，代表作有《萨福》。

有一种伪装得很好的敌意表现形式，就是那些所谓的过失犯罪行为。针对人或钱财的过失犯罪，其特点是过失犯罪者完全忽视了社会感的要求。关于这一问题在法律层面的意义，人们从未停止过探讨，但一直没有得出令人满意的结论。过失犯罪的行为并不等同于犯罪，这一点毋庸置疑。倘若我们把一个花瓶放在窗沿，即便是最轻微的震动也可能让花瓶掉落，然后砸中某个路过之人的头。显然，这种做法与我们故意拿起花瓶去砸某个人是不同的。然而，有些人的过失犯罪行为却毫无疑问可以被归为犯罪，并且是我们理解人性的又一关键所在。在法律上，过失犯罪被认定为情有可原的非有意行为，但毫无疑问的是，无意识的敌视行为与有意识的恶意行为，建立在同等程度的敌意基础之上。观察孩子玩耍的过程，我们往往会注意到有部分孩子不会顾及其他孩子的利益。我们可以肯定，这种孩子对自己的伙伴一定不太友好。其实我们应该等待更多证据来证明这一观点，但倘若我们发现每当这种孩子和其他孩子一起玩耍的时候，都会发生某些意外的话，那么我们必须承认这种孩子根本没将其他玩伴的利益放在眼里。

在这一点上，我们不妨特别关注一下我们的商业生活。用商业中发生的行为来说服我们相信疏忽与敌视之间存在相似点，其实是不太合适的。商人几乎不会考虑竞争者的利益，也对我们认为的那种不可或缺的社会感没有多少兴趣。众多商业行为和企业，都明确以一条理论为基准，即己方的获利只能建立在对方的失利上。然而，这类做法并不会受到惩处，即便它们具有主观恶意。这种缺乏社会感的日常商业行为，就如同缺乏社会感的过失犯罪一般，严重危害着我们整个社会生活。

即便那些怀有最大善意的人，在工作的压力下，也不得不选择尽可能自保。我们忽视了这样一个事实，那就是这种自我保护的同时通常也会伤害到他人。之所以让大家注意这类问题，是因为它们是人们在商业竞争压力下难以实现社会感的原因。我们必须找到解决方法，以便让每个人都能更加容易地基于共同利益协作，现如今的情况只会让我们南辕北辙。事实上，人类的心灵一直都在自行运作，努力建立协调的身体秩序，以求尽可能保护自身。心理学必须配合并研究这些变化，不仅是为了更好地理解种种商业关系，也是为了理解那些同时在起作用的心理机制。只有这样，我们才能了解应该对个人和社会有怎样的期待。

在家庭、学习和生活中，过失是一种普遍现象。在组织机构中也是如此。那种从不考虑他人利益、肆无忌惮、只想出人头地的人，在我们的社会很常见。当然，他们终将受到惩罚，这是由他们那种只顾自己的行为导致的。"天网恢恢，疏而不漏"，这种惩罚可能没过几年就会出现。然而，这种惩罚也可能要过很久才会出现，从而让那些从未想过约束自身行为的人无法理解其中的关联和因果关系。于是，他们会大声抱怨，称自己不该遭遇这种不幸！这种不幸本身可以归因于这样一个事实：其他人不愿再忍受这类人的自私冷漠，于是经过一段时间单方面善意的努力后和这类人断绝来往。

尽管过失行为表面上似乎有明显的理由可以为自己辩护，但只要我们深入研究，就会发现它们本质上都是愤世嫉俗的表现形式。例如，一个司机超速驾驶并撞倒了某个人，他为自己辩解，说自己有个重要的约会要参加。从这个司机身上，我们可以看出他是一个将小小的个人私事看得比他人的利益更加重要的人，因而低估了自己给他人带来的危险。总之，如果一个人将个人私事与社会利益摆在不平等的位置上，我们就可以说他对人类是怀有敌意的。

第三章

非攻击型性格特征

洞　察　人　性

UNDERSTANDING
HUMAN
NATURE

那些并不公然敌视人类，而是给人一种带有敌对情绪的孤僻性格特征，都可以归结为非攻击型性格。这就好比敌对情绪这条河流出现了许多支流，给我们留下一种迂回、隐蔽的心理印象。在这里，我们说的是那种绝不伤害他人、与他人保持距离、拒绝所有社会活动的人，并且因为性格孤僻，他们还无法与他人进行协作。但是人生中的各种任务多半都必须与他人协作才能完成。一个孤僻的人，也可能怀有同样的敌视态度，就像那些公然直接与社会对抗的人一样。这个领域有着充足的研究空间，接下来我们将更加深入地阐述其中几种突出的表现形式。我们必须讨论的第一种性格特征，就是隐居避世。

1. 隐居避世

    隐居避世和与世隔绝有多种多样的表现形式。那些脱离社会的人都很少说话，或者根本不开口。他们不愿意直视他人的眼睛，别人说话时，也不会集中注意力倾听。他们在一切社会关系，即使在最简单的社会关系中，都表现出冷漠无情的态度，使他们显得与别人格格不入。他们的所有态度和行为，包括握手的方式、说话的语气、打招呼或不打招呼的神态，都给人一种冷漠感。他们的一举一动，似乎都在刻意扩大自己与他人之间的距离。

    在所有这些远离机制中，我们都能发现野心与虚荣心藏匿其中。这些人试图通过强调他们与社会之间的距离感，做到凌驾于他人之上。但他们获得的，充其量不过是一种想象出来的征服感罢了。在这些看似与世无争的人身上，我们能够清楚地看到一种敌意。避世，也可以是一些较大群体的特征。每个人都知道有着这么一些家庭，全家的生活都与世隔绝，与外界没有任何接触。他们的敌意、自负以及自以为比其他人更优越和高贵的想法非常明显。避世也可能是阶层、宗教、种族和国家的特征。所以，有时走在陌生的城镇，见识每家每户、每座建筑中不同的社会阶层彼此远离的现象，也是一种发人深省的经历。

　　我们的文化中有一种根深蒂固的倾向，它使得人类将自身分隔为不同民族、不同宗派和不同阶层，种种冲突是这种倾向导致的唯一结果。这种倾向，会使得某些人利用潜在的矛盾组成一个团体，进而为了满足他们的虚荣心与他人进行斗争。这样的阶层，或者说这样的人，往往对自己评价极高，并高度重视自己的精神，一心只想证明他人如何邪恶不堪。那些极力强调阶层或民族之间存在种种矛盾的人之所以如此，主要是为了凸显自己，满足自己的虚荣心。但如果不幸的事情，如世界大战及其带来的余波发生了，他们又绝不是发动战争的责任承担者。因为内心极度不安，这些麻烦制造者会想尽办法以牺牲他人为代价，来获取优越感和独立感。孤独是他们可悲命运的最终归宿。这种人在人类社会中的发展通常都十分有限，这一点是十分明显的。

2. 焦虑

厌世这种性格，通常会带有焦虑的色彩。焦虑是一种再普通不过的性格特征，从幼年到暮年，它会伴随一个人的一生，让他饱受折磨，不能进行任何人际交往，让他没办法过上平静的生活，也不相信自己能为世界做出巨大的贡献。恐惧感会影响人类的所有活动，一个人可能会因此害怕面对外部世界，或者害怕面对自己的内心世界。

有的人之所以隐世，是因为他们害怕社会，还有人选择逃避是因为害怕孤独。在这类焦虑不安的人中，我们往往能看到一些熟悉的身影，他们关心自己胜过关心他人。**一旦认定逃避困难是解决问题的最佳方法，这类人就容易产生焦虑感，焦虑感随之又强化了他们的逃避行为。**有些人对新事物的第一反应就是焦虑，无论这件事是离家外出、与朋友告别、入职工作还是坠入爱河。这些人与生活以及身边的人少有联系，所以生活中的任何一个小变化都能让他们感到恐惧。

焦虑之人的人格发展，以及他们为人类福祉做贡献的能力，都会因焦虑这种性格大大受损。其实，除了浑身发抖和逃跑，他们的焦虑也表现为做事拖拉、找各式各样的借口和理由逃避生活。在大多数情况下，怯懦的人都没能意识到自己的焦虑心态不会消失，只要出现新情况，自己又会立马陷入焦虑。

观察那些喜欢回忆过往和思考死亡的人是件有意思的事情（再次证实了我们的观点）。回忆过往实际上是一种普遍的约束自我的方式。害怕死亡或者害怕生病，是那些找借口来逃避责任与义务的人的特点。这种人会强调一切都没意义、人生苦短或者未来不可预知。天堂和来生带来的慰藉效果也相差无几。对那些看重来生的人而言，今生的生活成了极为肤浅的追求，成了毫无意义的人生阶段。喜欢回忆过去的人会逃避人生的所有考验，因为他们的野心不允许他们接受一种暴露其真正价值的检验。在恐惧死亡的人身上，我们会发现，他们想成为上帝般的存在，想凌驾于其他人之上，并且野心勃勃。

在那些一旦独处就浑身颤抖的孩子身上，我们发现了焦虑最原始的表现形式。这类孩子的愿望不仅仅是有人陪在他们身边，还包括一些其他目的。如果母亲将一个这样的孩子独自撇下，他就会带着极度的焦虑把母亲叫回身边。这种姿态表明，他的心态还没有发生改变。母亲是否在身边，对这类孩子来说其实无关紧要，他们更关心的是母亲是否为他们瞻前顾后，并且对他们言听计从。这说明母亲非但没有培养出孩子的独立精神，还采取了错误的教育方法，让他们养成了一种他人无论如何都要为自己服务的毛病。

　　大家都很清楚孩子表达焦虑的方式。当黑暗或夜幕降临，孩子难以看清周围的环境，找不到亲人，这时焦虑感会变得尤为明显。他们焦急地喊叫，这有助于帮助他们找回因黑夜而切断的与亲人之间的联系。倘若有人闻声赶到孩子身边，那么之前我们描述的那一幕往往就会发生。孩子会要求大人开灯，坐到他们身边陪他们玩耍，等等。他们的焦虑会因他人的言听计从而立刻消除。可一旦他们感到自己的优越感受到威胁，他们就会再度焦虑起来，并以此来巩固自己的地位。

　　同类现象在成年人的生活中也频频出现。有些人不愿意独自外出，我们可以轻易地在人群中找出他们，因为他们的举手投足之间都带着焦虑姿态，神色慌张。有些人不愿意到处走动，只想待在原地；还有些人却像被人追赶似的，走路飞快。有时，我们会遇见这种类型的女性，她们会要求别人扶她们过马路，可她们并非虚弱无力或行动不便，甚至通常都非常健康，精力充沛。可一旦面对困难，她们便会陷入焦虑不安和恐惧害怕中。有时她们只要一离开家，就会产生这种焦虑感与不安感。广场恐惧症或者说旷野恐惧症之所以有趣，原因就在这里。在患有这种病症的人心中，他们一直觉得自己会受人迫害，而且这种感觉不会消退。他们认为，有种东西在冥冥中使自己有别于他人。害怕自己跌倒的心理（在我们看来，这种心理不过是意味着他们觉得自己必须高人一等罢了），就是这种态度的一种表达。在那些病理性的恐慌中，我们可以看到同样的对权力和优越感的追求。对许多人而言，焦虑是一种有效手段，可以迫使他人靠近自己，并一心只挂念自己。在这种情况下，我们就能明白，所有人都必须留在病人身边，以免他们再次陷入焦虑的原因。借助焦虑，病人让所有人都服从他们的指令。这样一来，病人的焦虑情绪就强加了一条规定给身边所有人：每个人都必须围着病人转，而病人不用考虑他人的感受。于是，病人就成了控制众人的君王。

要想消除人类的恐惧感，只有通过将一个人与整个人类社会联系起来才能实现。只有认识到自己是人类社会中的一分子，才能不带焦虑地生活。

我们不妨再举一个有趣的例子，它发生于一九一八年革命时期的奥地利。那段时期，很多患者都突然告诉医生，称自己无法继续来看病了。当谈及原因的时候，他们的回答表达了如下意思：当社会动荡不安时，没人知道会在街上碰到什么人；如果穿得比别人更光鲜，就更说不准会发生什么事情了。[①]

当时，奥地利正发生社会动荡，但值得注意的是，只有部分特定的人会担心这一点。那为什么只有部分人呢？这绝不是偶然。他们之所以恐惧，是因为他们从未与他人沟通交流，因此，他们才会觉得自己在特殊的革命时期不够安全，而其他人却会认为自己是社会的一员，从而不

---

① 一九一八年，德奥集团战败，奥匈帝国内部工人运动和民族解放运动达到高涨，十一月一日，奥匈帝国解体。十一月十二日，奥地利成为共和国，哈布斯堡王朝统治从此完结。但战后的危机又加剧了通货膨胀，带来了严重的社会动乱。它实际上摧毁了中产阶级的资本收益，于是激进的工人运动与失去地位的资产阶级的怨恨同时充斥在维也纳的街头。——译者注

会产生这种焦虑，一如既往地从事自己的工作。

　　羞怯，是一种不那么引人注目而且相对温和的焦虑。前文中关于焦虑的内容，也同样适用于羞怯。不管羞怯的孩子所处的种种人际关系简单到什么程度，羞怯都会让他们逃避与人交往，或者即使建立了关系，他们也会破坏这种关系。自卑感以及与众不同的感觉，让这些孩子在建立新的人际关系过程中体会不到丝毫快乐。

3.懦弱

懦弱，是某类人的性格特征。这些人觉得自己面临的每一项任务都特别困难，并且不相信自己有能力做成任何事。通常来说，这种性格特征的表现形式是缺乏行动力。因此，一个懦弱之人，非但不能缩小自己与即将面临的考验或任务之间的距离，还可能会止步不前。我们经常会看到一类人，他们本应该全力以赴去解决人生某个特定时期的问题，但他们却忙着做别的事情。这种人会忽然意识到，他们与自己选择的事业其实格格不入，或者收到种种反对意见，结果这些反对意见摧毁了他们正常的逻辑思维能力，从而使他们不再可能继续做这份事业。**除了缺乏行动力，懦弱还表现为过度的安全和保护意识。**遗憾的是，这不过是为了逃避所有应尽的义务罢了。

个体心理学把与这类普遍现象相关的问题，都命名为"距离问题"。这样有助于形成一种观点，让我们能够客观地去评价一个人，并确定这个人解决三个重要的人生问题的进度。第一个问题是社会责任感的问题，也就是"我"与"你"之间的关系问题。换句话说，他究竟是借助正确的方法让自己与他人关系更为亲密，还是用错误的方法让自己跟其他人关系更加疏离的问题。第二个和第三个问题分别是工作的问题以及爱情和婚姻的问题。根据一个人解决这些问题的进度，能否成功解决这些问题，就能得出关于其人格的具有深远意义的结论。与此同时，我们还能利用由此收集来的信息理解人性。

个人迫切希望逃避自身责任才是其懦弱性格的成因，这点和前文所提到的一样。然而，懦弱除了带来消极悲观的态度，还能给人带来某些好处。我们也许可以认为，患者完全是因为这些好处，才选择成为懦弱之人。倘若在没有任何准备的前提下，懦弱之人没有完成任务，也是情有可原的，其人格与虚荣心也丝毫不会受到影响。这样，他们就会感觉自己处于一种安全的处境中，这就好比走钢丝的人，知道自己即便掉下去也有保护网接住。所以就算他们毫无准备地去做一件事而且失败了，其个人价值也不会受到威胁，因为他们可以找到充足的借口，称是种种情况阻碍了他们，使得他们无法完成任务，而倘若能够早点开始，且进行充足的准备，他们肯定能达成目标。这样的话，承担责任的就不再是他们人格方面的缺陷，而是种种复杂的环境因素，人们也不能再指望他们为这种情况负责。但如果成功完成任务，那他们这种成功就会显得尤为伟大。这是因为，假如一个人兢兢业业地履行义务并且成功实现目标，那人们并不会惊讶于他的成功，而是会觉得他理应如此。假如这个人拖了很久才动手或者准备得极不充分，但他仍然解决了问题，那么大家对他的看法一定截然不同。可以这么说，他成了了不起的英雄，别人要用两只手完成的事情，他用一只手就能完成。

这些都是迂回的心理手段所带来的好处。不过，这种迂回态度暴露出的不仅是野心，还有虚荣心，它还说明，一个人对扮演英雄角色深感兴趣（最起码是为了自己而扮演），仅仅是为了满足自己膨胀的虚荣心，从而获得一种表面的特殊力量。

现在，我们不妨来研究一下另一部分人。这些人会在面临上述那些问题时采取逃避的态度，从而给自己设置种种困难，目的是让自己不用面对这些问题，或充其量用一种犹豫不决的态度去面对这些问题。在这些迂回的手段中，我们会发现很多生活习惯，比如懒惰、好逸恶劳、不断换工作、违法犯罪等。有的人连外在姿态都会表现出这种人生态度，比如走路姿势像蛇，灵活又柔软。这种现象绝非偶然，保守来讲，我们可以认为他们都是一些想通过迂回手段来逃避问题的人。

一个源自现实生活的例子可以更好地说明这一点。一名男子明确表达了其对生活的厌恶与失望，一心只想着自杀，没有任何东西能让他快乐起来。他的整个态度说明，他只想结束自己的生命。在为他治疗时，我们发现他是家中最大的孩子，有两个弟弟，父亲是一位有野心、有精力和毅力的人，并且一生中获得了诸多成就。这位患者深受家人宠爱，并且大家都期望他有朝一日能够子承父业。这名男子的母亲，在他很小的时候就去世了。或许是因为深受父亲照顾，他与继母的关系相当融洽。

作为家中最大的孩子，他盲目崇拜权力与力量。他的一举一动都带有一种专横色彩。他在学校是班上的班长，毕业后接管了父亲的生意，举手投足间显得特别乐善好施。他说话态度友善，善待员工，付给他们业内最高的薪水，并且凡是合理的要求，他都会满足。

不过，一九一八年的革命①以后，他整个人都变了。他开始抱怨，说员工们不守规矩，让他十分苦闷。他说自己的员工以前是通过恳求才获得一些东西，可现在他们只会强行要求。他非常愤怒，一心想着要把工厂关掉。

因此，我们可以看出他在这方面采取的是一种迂回的手段。在通常情况下，他扮演着体贴善良的管理者角色，可一旦他的权力受到影响，他便无法好好继续扮演这个角色了。他的人生观非但干扰到了工厂的运作，还搞砸了自己的生活。倘若他不是如此想证明自己是一厂之主，那么或许人们还可以继续和他友好相处。可对他而言，最重要的事情是通过个人权力去获取优越感。社会与商业两者之间关系的发展，使得他不可能拥有这样一种个体优越感。这就导致他的工作完全没有给他带来丝毫快乐。他这种逃避的性格倾向，同时也表现为对难以管教的员工的苛责与埋怨。

此时，他的虚荣心只能得到一定程度的满足。但整个社会出现的

① 指上一节中提到过的奥地利革命。——译者注

动荡及矛盾，带给他强烈的冲击。由于他的片面发展，他已经无法做出改变或形成新的行为模式。由于他的人生目标只限于获得权力和优势地位，因此他想要任何进一步的发展都已无可能。既然无力控制现实生活，那他要维持人生目标，就只能任由虚荣成为自己性格中最主要的一种特征了。

倘若我们仔细研究他在生活中的种种人际关系，我们就会发现他的社交关系极其不完善。正如我们猜测的那样，他身边的朋友都是一些承认其优势、服从其指令的人。与此同时，虽然他是个聪明人，会说出一些有理有据的话，但他说话极为尖锐恶毒，十分伤人。他的冷嘲热讽，渐渐让他的朋友都离他而去。实际上，他自始至终都没有朋友。为了补偿这种人际交往中的缺憾，他经常参加各种娱乐活动。

然而，在面对爱情和婚姻这一问题时，他人格中的缺陷再也无法遮掩。此时，我们可以轻易地预料降临在他身上的命运。由于爱情需要双方形成一种深刻、亲密的纽带关系，因此它容不下人的专横欲求。而他一向都是发号施令的人，所以他选择结婚对象时也以他的意愿为依据。一个专横霸道、一心追求优越地位的人，绝不会选择一个性格软弱的人作为自己的另一半，而是会选择一个需要他不断征服的人，从而使得他每次征服都像获得了一场新的胜利。这样一来，两个想法相似的人走到了一起，他们的婚姻生活就发展成了连续不断的斗争。这位男子选择作为自己另一半的那个女人，很多方面竟比他还霸道。双方都坚守自己的立场，利用各种办法来维护自己的优势地位。于是，他们的关系不断疏远，却又都不敢主动提出离婚，因为每一方都希望自己获得最终的胜利，都不愿意退出他们的婚姻战场。

在此期间，我们这位患者做过的一个梦，从侧面反映出了他的心境。他梦见自己在跟一位年轻的女孩说话，这位女孩像是一名女仆，让他想起了自己的会计员。在梦里，他对这位女孩说："你是知道的，我出身高贵，有着贵族血统。"

这个梦不难解释。显然，他没有把他人放在眼里。在他面前，每一个人都像仆人似的，缺乏教养且地位低下，倘若对方还是女性的话，他的看法就更加坚定。在这个方面，我们必须牢记，当时他正与自己的妻子交战，因此我们可以推断，梦中的这位女孩实则是在影射他的妻子。

没有人理解这位患者，而他本人是最不了解自己的。他终日忙碌，目中无人，只是为了使自己的虚荣心得到满足。他逃避现实，同时又傲慢地要求别人认可他的高贵，而这种高贵血统完全无从证实。与此同时，他还否认了其他所有人的价值。在这种人生观中，是没有爱情和友谊的容身之地的。

为了证明这种心理迂回的行为是正当的，人们找的种种理由往往都很独特。在大多数情况下，它们都是一些具有合理性而且可以被理解的理由，只是这些理由不适用于我们面前这个人的情况。比如，我们这位患者发现，他必须参与社会建设，而且他付诸了行动。虽然他加入了一个互助会，可在互助会里，他却把时间都浪费在喝酒、打牌以及其他类似的消遣之上。他认为，只有这样才能让朋友围在自己的身边。最终，他常常是夜深了才回家，第二天早上则是昏睡疲惫的状态。他还指出，如若想发展事业，为社会文明做贡献，人们就不应该经常出入类似俱乐部的场所。倘若他能同时完成他的工作，那么参与这些活动的理由还说得过去。可恰恰相反，正如我们可以预料到的那样，他的这些所谓发展社会文明的做法使得他远离了完成工作的最前线。哪怕他的借口看起来多么光明正大，他采取的做法也是错误的。

这个例子充分地证明了，并不是客观经历本身让我们的发展偏离了正道，而是我们对客观经历的态度与评判，以及评判和衡量客观经历的方式让我们的发展方向出现偏离。在此，我们面对的是人类的各种错误。从该病例与其他相似病例身上，我们可以发现导致错误出现的系统，以及进一步出现错误的可能性。我们必须结合病人的总体行为模式，认真分析病人表现的症状，来理解他们犯错的原因，并且通过合理有效的方法，帮助他们改正错误。这一过程与教育十分类似，因为所谓的教育其实就是纠正错误罢了。要做到这一点，我们必须明白，基于错误的理解引发的错误的成长，最终会导致悲剧性的结局。我们不得不钦佩古人的智慧，他们在创造复仇女神涅墨西斯时，就已经认识到或者说预见到这个事实。个体由于错误的成长而遭受的不幸，极其清晰地表明了这是他崇尚个人权力而罔顾人类的共同利益所带来的直接后果。这种对个人权力的膜拜，会迫使一个人不顾他人的利益，迂回地接近自己的目标。为此，他会时刻担心自己失败。在他的发展过程中，我们会看到他通常会患上一些神经疾病或出现其他种种症状，这些症状都带有特定的目的和意义，那就是阻止他完成自己的某些使命。这些症状的作用就是向他表明，他能感觉到自己的每一步前进都必然伴随着巨大的危险。

逃避社会的人，在社会上是没有容身之所的。要想在社会上有一席之地，要想有益于社会，就必须拥有一定的适应能力与服从性，而不是只想着为了控制他人而占据领导地位。这一法则的正确性，已经在我们自己以及我们周边的所有人身上得到了证明。我们都知道，有一些人举止得体，从不轻易打扰他人，但还是无法成为人们真正交心的朋友。因为这些人对权力有着过度的追求，这自然无法让别人热情地对待他们。这种类型的人喜欢安安静静地坐着，但看起来并不开心。他们宁愿在与别人单独交谈时表现得健谈，也不愿意与多人进行交流。在一些无关紧要的问题上，我们可以看出他们的性格特征。例如，即便是在别人几乎不关心他们正确与否的情况下，他们也会费尽心思去证明自己是对的。人们很快就会看出，对他们来说，争论本身毫无价值，但只要能够证明他们是对的而其他人是错的，他们就会满足。而且，在采取迂回态度这方面，这种人会有许多莫名其妙的表现，会无缘无故产生厌烦情绪，终日忙碌却又不知为何而忙，会失眠、乏力，还会有各种各样的牢骚。总之，我们从这种人那里只能听到一些不明所以的牢骚怨言，就像他们得了什么精神疾病似的。

事实上，所有这些都是他们为了回避自己所害怕的真实情况而采取的转移注意力的狡猾手段。他们通过这种办法来保护自己，这绝非偶然。想一想那些害怕黑夜这种自然现象的人，以及由此表现出来的那种抗拒心理吧！当我们看到这样的人时，我们完全可以确信，他们从来没有想过如何适应在世间生存的问题，除了消除黑夜，其他什么也不会让他们感到满足。他们把这当成自己做出调整、适应生活的条件。但是，他们这种无法达成的条件恰恰暴露了他们不可告人的意图！他们是任何时候都会对生活说"不"的人！

当这种类型的人面对必须亲自解决的生活难题时，就会表现得紧张不安，而这些难题不过是日常生活中必要的义务与责任而已。这些问题一出现，他们就会寻找借口。他们这样做，要么是为了拖延解决问题的时间，要么是想找到看似情有可原的理由来回避，又或者就是想完全避开。这样，他们同时也避开了维持人类社会的正常发展个人所必须尽的那些义务，非但伤害了身边最亲近的人，而且从广泛的意义上来看，还伤害到了每一个人。倘若我们对人性有了更加充分的理解，并且能够洞悉那些会导致这种悲剧性后果的潜在因素，那么我们也许早就可以避免人们犯各种错误了。抨击人类社会那些逻辑规律与内在规律毫无意义。由于时间跨度过大，以及种种复杂状况引发的结果，我们很难准确地找出罪恶与报应之间的直接联系，更难从中得出具有启发性的结论。只有了解一个人毕生的行为模式，并且对其经历进行仔细的研究之后，我们才能带着谨慎之心，去深入观察他全部行为之间的联系，并且指出他错误的起点。

4.粗野本能：适应力降低的表现

有一些人表现出明显的、我们也许可以称之为缺乏教养或不文明的性格特征。比如，啃指甲、抠鼻子，以及一看到食物就迫不及待开吃等，就属于这一类。这种像饿狼一样扑向食物、毫无底线地表露贪婪之心的行为，正是缺乏教养的表现。他们吃东西时发出的声响太大了，就连最大份的食物都能瞬间消失在他们的深渊巨口中！他们吃得又多又快，而且根本停不下来！大家难道没有见过一类无时无刻不在吃东西，一旦不吃东西就会感到痛苦的人吗？

缺乏教养的另一种体现，就是肮脏和不修边幅。那些因工作繁忙而忽视礼仪的人，或者那些在努力工作时表现出倦怠和不整洁的人，并不属于此处我们说的这类人。我们说的这类人通常没有工作，而且对任何有益于自己的工作都敬而远之，但他们看起来总是一副邋遢不堪的样子。这种人似乎是故意打扮得不整洁的，要是不了解他们的性格特征，我们就无从知晓这种人为何会如此。

这些不过是缺乏教养之人的部分外在特征罢了。这种人清楚地向我们表明，他们并不想参与人类社会的游戏，而且非常想摆脱其他人。这种缺乏教养之人常常会让我们觉得，他们对同伴来说毫无价值。绝大多数缺乏教养的行为都可以追溯至童年时期，因为没有哪个人的童年是一帆风顺的，但有些人直到成年，也都没有克服这种幼稚的性格特征。

这些缺乏教养的行为，或多或少带有明显的逃避社交的倾向。每一个缺乏教养的人都希望自己可以远离社会生活，并且拒绝与他人合作。他们不肯接受别人劝他们改正粗俗行为的劝说，这很容易理解，因为对一个不愿意遵守规则来进行人生比赛的人来说，啃指甲等行为习惯在他们看来是理所应当的。确实，想要更好地避开他人，没有什么比打扮得邋遢或穿沾满污渍的西装与他人相处更加切实可行了。如果要逃避他人的批评，避免与他人竞争，避免被他人关注或者逃避爱情与婚姻，还有什么方法能比保持上述那种形象见人更加有效呢？他们毫无疑问会经历失败，但与此同时他们也有了失败的借口，他们可以把所有失败都归咎于自己的不文明行为。这种人会大声地告诉别人："要是没有这种坏习惯，我什么都能做到！"但还会小声补充一句："不过很可惜，我有这种坏习惯。"

我们不妨看一个例子，在这个例子中，不文明行为成了一种自我保护的手段，并且用于欺凌身边的人。这个例子，说的是一个二十二岁却仍然尿床的姑娘。她是家中第二小的孩子，由于身体孱弱而备受母亲的关怀，她自己也极其依赖母亲。她想方设法地让母亲围着自己转，为了达成这一目的，她白天表现得焦虑不安，晚上则恐惧和尿床。一开始的时候，这对她来说是一种胜利，给她的虚荣心带来了安慰。通过这种不合理的行为，以牺牲其他兄弟姐妹的利益为代价，她成功地独占了母亲的关注。

这位姑娘还有一点特别之处，即她不能交朋友，不能进入社会，也不能去上学。倘若一定要离家外出，她就会变得特别焦虑不安。即便后来长大，到了必须在傍晚出门独自走夜路的时候，她仍然会觉得极为痛苦。回到家里后，她会精疲力竭、坐立不安，还会将自己出门遇到的可怕经历讲给家人听。我们可以看出，所有这些都表明她希望时刻留在母亲的身边。可是，由于经济条件不允许，家里人还是给她找了份工作。最后，她差不多是被家人赶出家的，可仅仅过了两天，她又开始尿床了，而且还惹怒了老板，最后不得不辞掉工作。母亲并不明白她为什么会生病，便斥责了她。随后，这个年轻姑娘自杀未遂，她被及时送到医院。这时，母亲便向她发誓，会永远陪在她身边。

所有这些表现，即尿床、害怕黑夜、畏惧独处以及自杀未遂，都有着相同的目的。对我们来说，这一切所表达的意思就是："我必须留在母亲身边，或者说，母亲必须时刻关注我才行！"就这样，这种缺乏教养的行为，即尿床的习惯，便获得了一种正当的理由。我们现在应该可以知道，人们是可能根据这些坏习惯去评判一个人的。与此同时，只有彻底理解患者，并且以他们的经历为依据，才能帮助他们改正这些恶习。

　　总的来说，我们通常都会发现，**孩子之所以会养成不文明的坏习惯，目的都是引起身边大人的关注。孩子还会借助这种方法，向大人表明自己想扮演重要角色或者自己非常脆弱无助。**还有一种类似的情况是，孩子在拜访陌生人时会表现得异常糟糕，这也是他们的共同特点之一。有的时候，一有客人来到家里，一些平时很乖的孩子就会变得像魔鬼上身一样，特别淘气。这样的孩子是想扮演一个角色，而且他们不达目的就不会罢休。他们在长大之后，会想方设法通过一些粗鲁行为来逃避社会的种种要求，或者通过给别人制造麻烦，进而损害人类的共同利益。这些表现之下，全都隐藏着一种专横无理、野心勃勃的虚荣心。只是这些表现种类繁多，富有变化，又得到了较好的伪装，所以才让辨别这些表现产生的原因、本质及其指向何种目标，变得颇具难度。

第四章

性格的其他表现

洞 察 人 性

UNDERSTANDING
HUMAN
NATURE

1. 快乐

我们已经注意到这样一个事实，即通过了解一个人在提供服务、帮助他人以及为别人带来快乐等方面的准备程度，我们就可以轻易地测出他的社会感。拥有给他人带来快乐的本领，会让一个人变得更有趣。快乐的人可以更容易地接近我们，而且从情感上，我们也会认为这些人更富有同情心。似乎在很大程度上是出于本能，我们认为这种性格特征是一种高度发达的社会感的标志。有些人看上去就十分快乐，他们从来不会长时间处于压抑和忧愁的状态，也不会把自己的烦恼带给任何陌生人。当与别人在一起时，他们的能力显得尤为突出，因为他们的这份快乐可以感染他人，使生活更加美好、更有意义。我们不仅可以从他们的行为，还可以从以下这些方面看出他们是好人，比如他们接近我们的方式、言行、对他人展现的体贴，以及他们的整个面貌、衣着、举止、快乐的精神状态、笑声等。那位高瞻远瞩的"心理学家"陀思妥耶夫斯基曾说过："相比一次无聊的心理测试，我们可以通过一个人的笑声更好地了解其性格。"笑声可以建立联系，但同时也可以破坏联系。我们都可以感觉到那种嘲笑他人不幸的笑声中带有的嘲讽意味。还有些人完全没有笑这一能力，因为他们离联结人类关系的内在纽带太过遥远，以至于他们不具备给别人带来快乐或是让自己表现出快乐的能力。也还有一小部分人，他们完全不能给其他任何人带来快乐，因为他们关心的只是在每一种环境下自己可能会陷入的痛苦生活。他们四处游走，仿佛想要掐灭每一盏灯。他们从来不笑，或只在受到他人强迫的时候才勉强一笑，抑或是想让别人误以为他们是快乐给予者的时候才笑。这样一来，我们也可以理解同情与反感的奥妙所在了。

与富有同情心的人相反的，就是那些令人扫兴、爱捣乱的人。他们到处对人说，世界是悲伤和痛苦的深渊。有些人生活得异常艰难，仿佛被生活中的困难压弯了腰。每一个小困难，都被他们用以印证未来是黑暗、沮丧的。并且在别人感到快乐时，他们不会错过任何一个机会，说出些令人沮丧的"卡珊德拉式"①预言。他们身上的每一寸地方都透露着悲观，这种悲观不仅对他们自己来说是如此，而且对其他所有人都是如

---

① 卡珊德拉（Cassandra），为希腊、罗马神话中特洛伊（Troy）的公主，阿波罗的祭司。因神蛇以舌为她洗耳或阿波罗的赐予而有预言能力，又因抗拒阿波罗而预言不被人相信。现在，"卡珊德拉"已经成为"厄运式预言"的代名词。——译者注

此。如果他们身边有人很快乐，那他们就会变得坐立不安，并且试图从这个快乐的事件中，找到令人沮丧的一面。他们不仅言语上是如此，行为上也会做出一些令人烦恼的事。他们通过这种方式阻碍别人快乐地生活，阻碍别人享受人与人之间的友谊。

2. 思维过程与表达方式

我们发现，有些人的思维过程以及表达方式会给人留下深刻印象，而有些人的思维和言谈，让人觉得他们的精神世界只局限于某些格言和谚语。我们事先就可以知道他们要说的话，他们的言谈充斥着俚语和粗鄙之语，听起来就像廉价小说一样。从这类表述方式中，我们可以更好地了解他们。他们的某些想法和言论是普通人不说或者无法说出口的。他们那种粗鄙的态度体现在他们的每一句话中，恐怕他们自己听了都会被吓倒。他们面对每个问题，都会熟练地讲出一套说辞，参照的都是小报和电影的老套路，但至于他人的想法，这类人一无所知。这些都证实了他们在评判和批评他人时，缺乏对对方所处情境的同理心。可以确定的是，有很多人都不懂得用其他方式思考问题，这也表明他们的心智是不成熟的。

3. 学生式的不成熟

我们经常遇到这样的人，他们给人的一种印象是，似乎在学生时代的某个阶段里他们就停止了成长，并且他们的成长没有超越"小学"水平。无论是在家里、工作中还是社会上，他们的行为举止都像个小学生，在聆听过程中，他们会迫切地想要找到机会说点什么。在社交时，他们总是急于回答他人的任何问题，就像是他们想要确保所有人都知道他们对这一主题有所了解似的。同时，他们也好像在等待一份优秀的学习成绩报告单来证明这一点。这些人有一个重要特征，即他们一定得在某种固定的生活方式中才能有安全感。无论何时，只要他们一发现自己处于某种不适合小学生式行为的环境中，他们就会焦虑不安。这种性格特征，会出现在各个智力水平的人身上。在不那么招人喜欢的情况下，这种人会表现得冷淡、严肃而且不易接近。或者他们会试图扮演一个对每门学科都了如指掌的人，一个能够立即明白每一件事的人，或者一个试图按预定的规则和方法将每件事情都安排妥当的人。

4. 迂腐与墨守成规

我们会发现一个有趣的现象：学究式的人总是试图将所有活动与事情，都按照他们认为适用于任何情况的原则进行分类。他们坚信这一原则，不愿意放弃它。倘若某件事情不能通过这一原则进行理解，他们就会感到不适。这些人就是枯燥无味的迂腐之人。对于这类人，我们的印象是，他们的不安感十分强烈，因此他们必须把与生活相关的一切都挤进少数的那几条规则与公式中，只有这样，他们才不会对人生和生活过于恐惧。当面对的是一种不适用于他们那几条规则或公式的情况时，他们就只会选择逃跑。如果有人玩一种他们并不精通的游戏，那他们就会觉得受到了冒犯并且感到不快。不用说，通过这一方法，一个人可以行使一种很大的权力。比如，许多"拒绝服兵役者"其实就是与社会利益站在了对立面上。我们认为，这些以良知为目的而拒绝服兵役的人，其实都是受他们未加以抑制的虚荣心和控制欲所驱使。

即使他们是优秀的工作者，那种枯燥乏味的迂腐态度也会非常明显。他们表现得毫无主动性，严格地将自己封闭于个人兴趣中，并且心中满是一些异想天开的怪念头。比如，他们可能养成总是走楼梯外侧的习惯，或者只在人行道的缝隙上走。还有一些人，无论如何，你都无法让他们放弃自己习以为常的生活方式。所有这种类型的人，对生活中的真实事物都没什么同情心。为了践行那些原则，他们浪费了大量时间和精力，迟早会彻底迷失自己，与生活环境相分离。在陌生问题出现时，由于没有准备好，他们注定会遭遇失败。他们相信，没有规则和那些神奇公式的话，什么也做不了。他们会严格回避所有的变化。比如，对他们来说，适应春天的到来会很困难，因为他们已经让自己长久地适应了冬天。随着季节变暖而出现的那条通往外界之路，会激起他们内心的恐惧，因为他们将不得不与他人进行更多的接触，这个结果会让他们觉得很糟糕。这些就是那种在春天抱怨感觉更糟糕的人。因为他们只有在遇到最困难的情况下，才会迫不得已地调整自己，以适应新的情况。所以我们会发现，他们都处于那些基本不需要什么主动性的岗位上。如果他们不改变自己，就没有一位雇主会把他们安排到其他岗位上。其实这些既不是遗传的性格特征，也不是什么不能改变的个人表现，只是一种错误的人生观。这种错误的人生观强力地控制着他们的心理，以至于完全掌控了他们的性格。最终，这些人就无法摆脱这些根深蒂固的成见了。

5. 顺从

那些内心被奴性精神所填满的人，同样也不适合需要创造力的岗位。他们在服从他人指挥的时候，会觉得很舒服。这种惯于顺从的人生活在别人制定的规章与法则之下，并且他们几乎是强制性地要求自己安于仆从的地位。这种奴性的态度，存在于人生的各种关系中。同时，我们也可以从人外在的行为中推测出它的存在，因为这样的人通常都是一副卑躬屈膝、畏畏缩缩的样子。我们看见他们在别人面前，总是低头躬身，仔细聆听每一个人的话，但他们这样做并不是为了斟酌和思考他人所说的话，而是为了执行命令，同时去附和、肯定他人的观点。他们以顺从为荣，有时甚至到了一种令人难以置信的程度。他们都是在屈服中找到了自己所认为的真正乐趣的人。我们并不是说那种每时每刻都希望控制所有人的性格是理想的类型，但是我们希望给那些总是将退缩和屈服作为问题解决方案的人指出人生更黑暗的一面。

可以这么说，有许多人都把顺从作为一条人生法则。当然，我们指的并不是用人阶层。我们正在谈论的是女性这一性别。女性必须要顺从，是一条不成文但是根深蒂固的法则，并且许多人都将其奉为固定教条。他们认为，女性只是为了顺从这一目的而降生的。这种观念已经毒害和破坏了所有的人际关系，然而我们却无法根除这一迷信思想。甚至在女性中，也有许多人觉得她们必须遵从这一所谓的人生的永恒法则。但是从未有人见识过通过这一态度会获得什么好处。迟早有人会抱怨，要是女性不那么顺从的话，一切都将会变得更好。

与人被迫屈服会做出反抗不同，顺从的女性不会反抗，反倒会适应顺从。正如下面这个例子所呈现的，一个顺从的女性，迟早会变得依赖他人，以至于不擅社交。这是一个出于爱情而嫁给一位名人的女人。她和她的丈夫都认可我们所提及的关于女性顺从的教条。最终她变成了一台机器，除了职责、服务和更多的职责外，别无他物。任何一种自立的形态都已从她的人生中消失。周围的人都习惯了她的顺从，也没有提出什么异议，但没有人从这种沉默中获益。

这种情况没有发展到更严重的程度，因为它出现在相对更有教养的人之间。但有相当一部分人认为，顺从是女性不言而喻的命运。我们会意识到，大部分引起夫妻之间矛盾的因素都存在于这种观点中。如果一个丈夫认为这种顺从是理所应当的，那么他随时可能和他的妻子爆发冲突，因为实际上这样的顺从对他的妻子来说是不可能做到的。

我们发现，有些女性的顺从心理根深蒂固，以至于一心想要嫁给那种看起来专横无理的男人。这种不自然的夫妻关系迟早会恶化成一场公开战争。有时我们会觉得，她们是故意想让女性的顺从看起来可笑荒谬，并且证明那是愚蠢的！

我们已经学会摆脱这些难题的方法。当一对夫妻一起生活的时候，他们一定要建立起那种类似于同事关系的劳动分工关系，这样双方都不会被迫屈服。即使目前这还仅仅是一种理想，但是它至少给了我们一种标准，去衡量一个人教养上的成长。顺从这个问题，不仅在两性关系之间扮演着重要角色，给男性造成了上千种无法解决的困难，而且还在国家生活中扮演着相当重要的角色。

奴隶制是古代社会的政治经济制度。或许现在有相当一部分人，他们的祖先都来自奴隶家庭。奴隶主和奴隶是两个不同的阶级，他们在对彼此来说完全陌生以及对立的环境中生活了数百年。事实上，时至今日，在某些民族中依旧存在种姓制度，同时那种一个人对另一个人的顺从以及奴役也依旧存在。并且，在任何时候都有可能诞生出明显属于这种类型的人。在古时候，人们通常认为，劳动是一种给奴隶做的事情，是具有侮辱性的；奴隶主不会为了普通的劳动而脏了自己的手，他们不仅是指挥者，同时还是优秀品质的集大成者。统治阶级由"最高尚的人"组成，希腊语中的"Aristos"表示的就是这个意思。统治阶级的人占有"最高尚的品质"，但是这个"最高尚"完全由权力决定，而不是由德行和品质决定。贵族阶层就是那些拥有权力的人。

在现代生活中，我们的观点受到了之前存在的奴隶制度和贵族政治的影响。但是人类社会发展的一个必然趋势，是人与人之间的关系将变得越来越亲密，这使得过去的等级制度变得毫无意义。伟大的思想家尼采就提倡优秀的人应该引领其他人这一原则。在今天，消除把人分为三六九等这一思想以及践行人人平等的观念，仍然是很困难的。然而，仅仅是拥有人人平等这一新观念，也是前进的一步。这一新观念能够帮助我们，同时防止我们的行为出现巨大的错误。有些人已经变得如此奴颜婢膝，以至于他们只有在得到别人的感谢时才会感到快乐。他们永远在说对不起，为自己解释，就好像是为了自己作为世上多余的存在而抱歉一样。我们一定不要被他们很乐意这样做给欺骗了。实际上，他们大部分时候都非常不开心。

6.专横

与前面描述的那些惯于顺从的人相对应的，是专横无理的人。他们认为自己必须占据支配地位，并且扮演主要角色。在生活中，他们只关注一件事："我怎样才可以高人一等？"可想而知，他们这一愿望是难以实现的，这也导致他们产生各种失望心理。从某种程度上来说，倘若没有掺杂过多的敌意和挑衅行为，专横的人也是有价值的。比如，每当需要指挥者的时候，专横的人就会挺身而出。这是因为他们在内心深处，渴望当一个指挥者或管理者。在动荡不安的年代里，比如一个国家正处于革命时期，这些人就会崭露头角。这不难理解，因为他们具备领导者应有的姿态、态度以及欲望，他们也做好了成为领导者的准备。这类人习惯了在家中掌控一切，并且在玩游戏时，一定要扮演国王、统治者或将军的角色，否则他们就对这游戏没什么兴趣。倘若让他们接受别人的指挥，他们就会变得焦躁不安，甚至连最简单的小事都做不好。

在和平年代，无论是在工作还是生活中，这类人都会成为团队的领导者。他们渴望表达意见，不自觉地驱动自己站在台前，成为人群中显眼的那类人。只要他们不干扰大家正常的社会生活规则，我们也无可指摘，尽管我不是很认同当今社会给予这类人的过高评价。

他们是一群站在悬崖边上、亦正亦邪的人。他们无法像普通人一样在团队中循规蹈矩，因此他们不会是一个配合度高的队友。倘若这些人无法通过某些方式来证实自己确实比其他人更优越，那么终其一生，他们都会极其焦虑，内心无法得到片刻的安宁。

7.情绪与气质

如果心理学认为，人的生活方式和工作态度在很大程度上取决于自身的情绪与气质，而这种情绪与气质要归因于遗传基因，那就大错特错了。情绪与气质并非遗传而来，它们存在于那种野心过大，并且因此变得特别敏感的人身上，这类人会把自己对人生的不满通过各种各样的逃避展现出来。①他们过度敏感的心理，仿佛一根延伸而出的触须，每当他们接触一个新的情况之前，都要用这一触须进行试探。

然而，有那么一些人，似乎总是处于愉悦的情绪中。他们会竭尽全力地营造出欢乐的氛围，并且将之作为自己人生所必需的根基，同时他们也更侧重于追求人生中更加明亮的一面。我们可以在这种人身上发现各种不同程度的愉悦情绪。其中有那些如同孩子般快乐的人，同时在他

---

① 现在的心理学研究认为，情绪和气质也受到遗传因素的影响。尤其是气质类型，往往体现在婴儿阶段，与遗传关系密切。

们的童心中还有些非常动人的东西。在面对要处理的任务时，他们不会逃避，而是用一种玩笑般的、孩子气的方式去应对，并且把它们当作游戏一样对待，从而解决这些问题。也许没有任何态度会比这种态度更美好、更让人有同情心了。

但是，在这类性格的人中，也有些人过于欢乐了。在面对相对较严肃的情况时，他们也会采用同样孩子气的态度。有时这种态度非常不适合生活中那些严肃而需要认真对待的事，因为这会给我们留下不好的印象。当看到他们的工作状态时，我们便会迟疑、不放心，因为他们太过于想要轻易地克服困难，所以他们会给我们留下一种不大可靠的印象。结果就是，他们不会被安排去应对那些真正困难的任务。实际上，通常他们自己也会逃避困难的任务。但是，我们不能失去这种类型的人，他们有值得称赞的地方。这类人总是让人乐于与之共事。这种让人愉快的人与那些总是拉着个脸的人形成了鲜明对比。在招人喜欢这方面，欢乐的人总是能轻易地胜过那些悲观主义者。因为悲观主义者总是带着悲伤和不满前行，并且面对每一种情形，他们都只能看到其中阴暗的一面。

8. 倒霉

在心理学上有那么一条真理，即无论是谁，当他与公共生活的绝对真理和逻辑发生冲突之后，就迟早会在人生的某个阶段感受到这种冲突带来的影响。一般来说，那些犯下这些影响深远的错误的人，都不会从中积累经验、吸取教训，而是认为自己的不幸都源自上天的不公。他们的一生都在试图验证自己有多倒霉，证明自己没有办法做成任何事。因为凡是他们插手的事情，最终都以失败告终。甚至我们还会在这些不幸的人身上发现他们为自己的倒霉而自豪的倾向，就像它是由某种超自然的力量引发的一样。倘若更加仔细地去检视这一观点，我们就能发现，这其实又是虚荣心在作祟。这类人的行为举止，就像是某位邪恶的神在花时间去迫害他们似的。在雷雨天的时候，他们相信闪电一定会只劈中他们。并且他们还害怕，窃贼会特别光顾他们家。假如将会出现什么不幸的话，那么他们会确信自己一定是要遭殃之人。

只有一个将自己看成所有事件的中心的人，才会有那么夸张的想法。从表面上看，说自己总是无法逃离厄运是一种非常谦虚的说法，但实际上，倘若一个人觉得所有敌对势力都想对他展开报复的话，那其实就是一种顽固的虚荣心在作祟。他们这种人往往在儿童时期就苦不堪言，因为他们认为自己会成为强盗、杀人犯以及其他令人讨厌的事物（如鬼魂和幽灵）的猎物，仿佛这些坏人和鬼魂除了迫害他们，没有别的事情可做一样。

可想而知，这类人的态度会体现在他们的外在行为中。当他们在走路时，他们的背会弯曲得像受到了重压似的，以至于任何人都能看出他们在行动时所承受的重量有多重。他们让我们想起了一生都托着希腊神庙柱廊的女像柱①。**他们对任何事情都过于严肃，并且会悲观地评判每件事。这也就不难理解，为什么他们做事情总是会出错。由于他们不仅让自己的生活陷入痛苦，而且也让他人痛苦，所以他们总会倒霉。**虚荣心是他们倒霉的根源。抱怨自己的不幸，实际上是希望别人意识到他们的重要性。

---

① 女像柱（Karyatid），表现女性形象并起支撑作用的雕像柱。起源于公元前六世纪的古埃及和古希腊。著名的女像柱有雅典卫城厄瑞克忒翁神庙的女像柱廊，由六尊女像柱组成，头部支撑着神庙西南门廊的顶部。

9.宗教狂热

有些长期受到误解的人会选择投入宗教的怀抱。在这里，他们继续之前的所作所为，自怜自悯，将他们的痛苦转嫁到仁慈的上帝身上。他们的全部活动，都纯粹是在关心他们自己。在这个过程中，他们认为上帝这一受人尊敬、膜拜的存在，会全心全意地为他们服务，并且会为他们的所有行为负责。在他们看来，可以通过人为的方式拉近与上帝的联系，例如特别虔诚的祈祷或者其他宗教仪式。总而言之，对他们来说，亲爱的上帝除了将自己全身心地投入到解决他们的麻烦中，别的什么都不要知道，也不要做其他事情。在这类宗教崇拜中，有许多异端邪说，如果古时候的宗教法庭重现，那么第一批被烧死的很可能就是这些宗教狂热分子。他们就像对待其他人那样对待他们的上帝，牢骚不断、哀怨不停，却从来不会动手自助或者改善自己的环境，并且他们还觉得协作完全就是他人的责任。

有一位十八岁的女孩的经历可以证实，这种无益的利己主义可能会发展到什么样的程度。她非常优秀、勤奋刻苦，但是也非常有野心。这一野心在宗教信仰上表现了出来。每一次礼拜，她都会以最虔诚的态度应对。有一天，她开始谴责自己，谴责自己的信仰不纯正，违背了戒律，罪孽深重。结果，她花了一整天的时间激烈地谴责自己，而由于实在太过激烈，大家都觉得她疯了。她一整天都跪在角落，痛苦而又愤怒地谴责自己。然而，除了她自己，没有人可以因为任何一件事情指责她。一天，一位牧师试图消除她那种沉重的罪孽感，便向她解释说，事实上，她从来没有犯下什么罪过，并且她肯定能够得到救赎。第二天，这个年轻的女孩，在大街上直挺挺地挡在这个牧师面前，尖叫着对牧师说，他不配进入教堂，因为他已经把她那深重的罪孽扛到了肩上。我们并不需要进一步讨论这个事例，但它向我们说明，野心是如何破坏宗教信仰的，以及虚荣心又是如何影响人们在美德、恶行、纯洁、善良与邪恶等问题上做出判断的。

第五章

情感与情绪

洞　察　人　性

UNDERSTANDING
HUMAN
NATURE

情感与情绪，是前文中描述的性格特征的强化形式。情绪通常是一种瞬间的宣泄（在某种有意识或无意识的迫不得已的压力下），并且像性格特征一样，它们也有明确的目标与方向。我们将情绪理解为一种具有明确时间界限的心理活动。情感并非神秘莫测或难以解释，它们产生于与个体既定的人生态度和即将做出的行为相适应的地方。人之所以会产生情感，是因为要改善当下的处境。情感是个体身上出现的那种强化过的、更加激烈的心理活动，出现在那些为了达成目标已经采取很多方法或者已经对达成目标失去信心的人身上。

我们在此再次讨论那种背负自卑感和无力感的人，他们会逼迫自己集中所有力量，做出最大努力，从而产生一种比原本所需的更加激烈的心理活动。他们相信凭借自己的艰苦奋斗，可以成为人群中的焦点，从而证明自己是成功的。正如我们没有敌人，我们就不会愤怒一样，我们在想到愤怒这种情绪的时候，也必须考虑到我们产生愤怒的目的是战胜敌人。在我们的文化当中，一个人仍然有可能通过这些强化过的心理活动来达到自己的目的。倘若这种方式完全不能帮助我们获得认可，那么我们也就不会有那么多发脾气的时候了。

那些对自己实现目标的能力信心不足的人，并不会因为他们的不安全感而放弃自己的目标，而是会付出更大的努力，并且借助必要的情感与情绪来实现这种目标。这种方法，会让一个人在自卑感的刺激之下集中全部力量，进而用略带粗暴、野蛮的态度去争取自己想要的东西。

由于情感和情绪与人格的本质密切相关，因此它们并不是某个人或某个群体的单一特征，而是或多或少地存在于所有人身上。倘若处于某种恰当的情境之中，那么每个人都能表现出某种特定的情绪来。这种本领，我们暂且称之为情感能力。情绪是人类生活不可或缺的一部分，所有人都对情绪有切身体会。一旦深入地了解了一个人，我们甚至可以不需要与他在现实生活中交流，就可以完全想象出他可能会表达的种种情感与情绪。因为肉体与灵魂是紧密结合在一起的，情感与情绪这种根深蒂固的心理现象必定会对生理产生影响。伴随着情感与情绪而出现的生理现象，会通过血管和呼吸系统的各种变化显示出来，比如脸红、脸色苍白、心跳加快等。

1. 分离性情感

（1）愤怒

愤怒是情感的一种，它很好地展现了对权力与优势地位的渴望。这种情绪清楚地表明，其目的就是迅速而有力地清除挡在愤怒者前面的所有障碍。过往的研究显示，愤怒之人追求优越时会不遗余力。对认可的奋力追求，偶尔会演变成一种对权力的沉迷。一旦出现这种情况，我们就能看到，这类人即便只是遇到对其权力微不足道的损害，也会突然大发雷霆。在他们看来（或许这是由过往经历所导致的结果），自己能借助这种手段轻而易举地击败对手。这种手段并不需要多高的智商，却在大多数情况下都能奏效。对大多数人而言，记起自己是如何偶尔通过愤怒来重拾威望的不是什么困难的事。

有些时候，愤怒在很大程度上是有正当理由的，但在这里，这些情况并不在我们的考虑范围之内。我们所说的愤怒，指的是那些长久怀有这种情感的人，并且愤怒已然成了他们的一种明显的习惯性反应。**实际上，有些人把愤怒作为解决问题的方法，从而引来大家的注意，因为他们面对问题时，除了愤怒别无他法。**通常，这种人都非常高傲且高度敏感，无法忍受屈居人下或者与他人处于同等位置，只有高人一等他们才会感到快乐。因此，愤怒之人的目光往往都很锐利，始终戒心重重，以免有人与他们过于亲密或者不够重视他们。可以与他们的愤怒联系在一起的性格特征是疑心，即不可能信任他人。

我们发现，还有一些其他性格特征与这类人的愤怒、敏感及疑心密切相关。在遇到某些难题时，我们完全可以认为这种野心勃勃的人其实不敢去完成任何一项艰难的任务，从而也无法适应社会。倘若这种人无法取得任何成就，他们就只会用一种手段来回应。他们用一种让身边人感到痛苦的方式来宣泄自己的不满，如摔碎镜子或打碎昂贵的花瓶等。就算他们事后赔礼道歉，找借口说自己完全不知道当时在做什么，人们也不太会相信他们说的话。这种人伤害身边人的意图过于明显，因为他们不会将怒火发泄在无价值的东西上，相反，他们总是毁坏贵重的东西。他们的种种做法表明，他们对此早有计划。

尽管在小范围内，这种方法会取得某种成效，可一旦扩大到更大的范围，其作用便会大打折扣。因此，我们会很快看出这种易怒之人跟所处的世界冲突不断。

伴随着愤怒这种情感的外在姿态极为常见，以至于我们只要提及怒气冲冲，就能想象出暴躁之人的模样。他们对外界的敌意非常明显。愤怒这一情感几乎意味着对社会感的全盘否定。易怒之人追求权力时无所不用其极，哪怕是将对手置于死地。我们可以通过解决观察到的种种情绪与情感问题，来实践我们人性方面的知识，这是因为情感与情绪是性格最明显的外在表现形式。我们必须把暴躁、易怒、刻薄的人都视为社会和生活的敌人。我们必须再次提醒大家：这种人对权力的追求建立在其自卑感的基础之上。没有哪一个了解自身能力的人会迫切表现出这种咄咄逼人的心理活动和过激的行为举止。以上这一事实不容忽视。当一个人大发雷霆的时候，自卑感与优越感的界限会清楚地呈现出来。愤怒是一种十分卑劣的手段，通过这种手段，个人以他人的痛苦为代价抬高自身的价值。

酒精是助长愤怒出现的最重要的因素之一。常常只需要少许酒精，就足以让一个人愤怒起来。众所周知，酒精极易让人摆脱或挣脱文明的约束。醉酒的人会表现得像是从未接受过文明教育一般。在这种情况下，他们没法约束自身，也没法顾及他人。在清醒的状态下，这种人还能竭尽所能勉强隐藏自己对人类的敌意以及约束自己的敌意倾向。可一旦喝醉，他们就原形毕露。那些无法与生活和谐相处的人，也正是那些遇事就酗酒的人，因为酒精能帮助他们获得某种安慰并且遗忘不开心的事情，同时为自己没有达到目标找借口。

相比于成年人，儿童乱发脾气的现象更加常见。有时，一件小事就能让儿童大发脾气。这是因为儿童身上的自卑感更加强烈，以至于他们追求权力时会采取更加明显的手段。一个处于愤怒状态的孩子其实是在努力获得别人的认可。儿童遇到的每一种困难，即便不是那么难以逾越，也显得异常艰难。

如若愤怒所带来的后果超出常见的谩骂、发脾气的范围，可能就会伤及愤怒之人自己。在这里，我们不妨解释一下自杀这个行为。我们可以从这一行为看到，自杀者企图给自己的亲人和朋友带来伤害，并且报复遭受了某种失败的自己。

（2）悲伤

悲伤这一情感，是在一个人损失某样东西却无法获得慰藉之后出现的。悲伤同其他情感一样，都是为了弥补一种不快感或脆弱感，相当于一种想获得更好处境的意图。在这方面，悲伤与发脾气的作用相当，它们的区别在于，悲伤是由其他刺激引发的，所以它的表现方式与愤怒并不相同。就像其他所有情感一样，悲伤当中也暗含着某种对优势地位的追求，易怒之人追求的是抬高自己的同时贬低对手，其怒火也是针对他们的对手；而悲伤其实是在收缩心理战线，这一过程必不可少，因为随之而来的是一种更大范围的扩张，这样悲伤之人才能实现自我抬高，获得满足感。然而，这种满足感是以宣泄的形式存在的，尽管其表现方式与愤怒的表现方式不同，但它也是一种针对所处环境的心理活动。悲伤之人会满腹牢骚，这种牢骚会使得他们处于他人的对立面。虽然悲伤是人类天性的一部分，但过度悲伤展现的则是一种对社会的敌对姿态。

周围的人对待悲伤之人的态度，决定了悲伤之人自我抬高的程度。我们都知道，一些悲伤之人会发现，他们无法否认自己所处的环境之所以会变得更加舒适，是因为他人的照料、同情、支持、鼓励以及奉献。假如流泪和大声痛哭所引发的心理宣泄有所收效，那么很显然，悲伤之人将把自身当作现存社会秩序的"法官"、"批评家"或"原告"，从而凌驾于自己所处的环境之上。出于悲伤，"原告"对所处环境要求越高，其诉求也愈发明显。悲伤会变成一种无可辩驳的借口，给悲伤之人身边的人强加一种难以推脱的责任。

这种情感，清楚地表明了利用软弱对优势地位的争取，以及努力维护自身地位、逃避无力感与自卑感的意图。

（3）情感滥用

只有认识到情感和情绪是克服自卑感、提升人格和获得认可的宝贵方法，我们才能明白它们的价值与意义。在精神生活中，表达情绪这一能力的运用范围十分广泛。一旦孩子意识到，受到忽视时通过发脾气、陷入悲伤或者哭鼻子等能帮助自己控制身边的人，他们就会反复测验这些可以掌控他人的手段。这样一来，儿童就很容易陷入一种固定的行为模式，即利用自己特别的情绪反应来应对一些无关紧要的刺激。只要有需要，他们就会借助这些情绪来帮助他们达成目的。**对情绪的过度依赖是一种不良的习惯，有时还会发展到病态的程度。**倘若孩子在幼年时期出现这种情况，我们就会看到，他们在长大之后，仍会不断地滥用自己的情绪。我们来想象一下以下画面，一个人开玩笑般地表达愤怒、悲伤以及其他所有情感，仿佛这些情感都是提线木偶。这种毫无益处并且令人厌恶的性格特征，只会使得情绪失去其真正的价值。利用情绪来逢场作戏，便成了这种人的一种习惯性反应。他们不管在何时，只要得不到自己想要的，或者其支配权受到了威胁，就会表现出这些情绪。悲伤时他们可能会大声恸哭，这使得这种情绪表达惹人心烦，因为它像是一种发出刺耳声的个人广告。我们都看到过这样一种人，他们在与自己竞争，看自己究竟能表现出多大程度的悲伤来。

这种情感滥用，也会引发某些生理现象。众所周知，有些人会任由强烈的愤怒发展，而这会对他们的消化系统造成影响。因此在盛怒之下，他们常常会呕吐。这种心理机制，将他们的敌意表达得更加明显。同样，悲伤这种情绪会影响食欲，因此过度悲伤的人真的会体重减轻，从而名副其实地显示出他们的"悲伤姿态"。

这种情感滥用，是我们无法漠视的问题，因为这关系到他人的社会感。一旦某位邻居对悲伤之人表达了友善的关心，我们在前面描述的那种激烈情感便会消失。然而，有些人却希望自己永远都不要停止悲伤，因为只有处在这种状态中，他们才会感受到自己的人格由于身边之人表达的友好与同情获得了某种真切的提升。

即便我们的同情在不同程度上与愤怒和悲伤有所联系，后者仍属于分离性的情绪，它们并不会真正把人们的关系拉得更近。实际上，它们还会因为伤害到社会感而造成人与人之间的分离。诚然，悲伤最终会让双方形成一种团结，可这并不是正常的团结，因为双方都没有真正付出。而且它会导致社会感的扭曲，在这种扭曲中，总有一个人要被迫付出更多！

（4）厌恶

厌恶这种情感明显地带有分离性的因素。尽管与其他情感相比，厌恶这种情感中的分离性并不是那么明显。从生理上来看，倘若胃壁受到某种刺激，人们就会感到恶心。然而，在精神生活层面，人们也具有将某种东西"呕吐"出去的倾向与意图。正因此，厌恶这种情感中的分离性因素才能被看见。以下证据会强化我们的这种观点。厌恶是一种反感的表现。伴随厌恶出现的那种怪相意味着一种抛弃姿态下的蔑视，包括对所处环境、对身边的人和某一问题的解决办法。这种情感很容易被人滥用成摆脱不愉快处境的借口。人们很容易产生厌恶感，而一旦出现这种情感，一个人就必定会逃离自己所处的那种特定的社交场合。没有哪一种情感，会比厌恶这种情感更容易被人为刺激出来。只要经过特别的训练，任何人都能够培养出随时感到厌恶的能力。这样，原本一种无害的情感，就成了一种对付社会的武器，或者一种逃避社会时屡试不爽的借口。

（5）恐惧与焦虑

恐惧是人类生活当中最重要的现象之一。这种情感会因以下事实而变得复杂起来，它不仅是一种分离性情感，而且会像悲伤一样，让人与人之间的关系失衡。恐惧，既可以让儿童因为感到害怕而逃离某种处境，也可以使其向他人寻求帮助。焦虑这一心理机制并不会直接表现出任何优越感，事实上，焦虑似乎暗含失败之意。人在焦虑的状态下会尽可能显得渺小，但正因此，这一情感的联合性（其中同时含有对优势地位的渴望）才变得明显起来。深感焦虑之人会逃往另一种处境，以寻求保护，并试图以这种方式使自己变得坚强，直到他们确信自己有能力面对和战胜遇到的危险才会停止这一做法。

在这一情感中，我们面对的是一种源于自然的根深蒂固的现象，是所有生物对原始恐惧的心理反应。人类之所以深受恐惧心理的影响，是因为人类天性中存在柔弱、不安全感。我们对人生的困难知之甚少，以至于一个孩子不可能依靠自身力量前行。因此无论儿童缺少何物，其他人都必须倾力帮助。儿童在出生的那一刻起，就面临着种种困难，而生存条件在那一刻起也深深影响着他们。在全力弥补自己那种不安全感的过程中，他们总有面临失败的可能，并且会由此形成一种悲观的人生态度。于是，儿童身上占主导地位的性格特征，便变成了一种要求获得身边之人帮助与关照的渴望。越是不能独立解决自己的人生问题，他们就越发小心谨慎。即便这种儿童被迫前进，他们也会随时产生退缩的姿态与打算。由于时刻准备着撤退，因此他们身上最常见、最明显的性格特征，便是恐惧这种情感了。

在种种表达恐惧的方式中，我们会看到对立心理的苗头，正如在模拟中那样。不过，这种对立心理既不会以咄咄逼人的形式表达，也不会径直表达。在这种情感出现病理性的变化之后，我们有时候会更加深入地看到人类心理的活动过程。在这些情形当中，我们会清楚地感受到，心怀恐惧之人是如何伸手求助，又是如何吸引并奴役他人的。

对上述现象进行更深层次的研究，会帮助我们回顾前文关于焦虑这一性格特征中的内容。在这种情况下，我们讨论的是那些需要获得他人支持和需要他人时刻关注自己的人。事实上，这充其量不过是一种主仆关系罢了，焦虑者要求他人必须时刻帮助和支持自己。进一步研究后，我们会发现，多少人穷尽一生都在追求某些特殊的认同，可是他们已经完全丧失自己的独立性（这是由于他们的人生经历不足、方法不对才导致的），以至于他们会通过无比激烈的方式来获得种种特权。无论这类人多么渴望他人的陪伴，他们身上的社会感都已所剩无几。不过，若是任由他们表现焦虑与恐惧情绪的话，他们就会再次为自己创造优势地位。恐惧也可以帮助他们逃避人生的种种责任与义务，并且让周围人都臣服于他们。最后，恐惧感会逐渐渗透到他们日常生活中的每一种关系中，变成他们获得优势地位最重要的手段。

2. 联合性情感

（1）快乐

快乐作为一种情感，最容易弥合人与人之间的关系。它是一种与避世相反的情感。那些愿意同他人玩耍、做伴或分享的人，在寻找同伴、拥抱等类似的事情中会激发出快乐感。这种快乐的态度，就是联合性情感。它就好比向他人表达友善之情，是一个人向另一个人表露的温情。这种情感中包含了联合性情感的所有要素。没错，我们又在讨论那些试图克服不满足感和孤独感的人，他们通过我们已经反复说过的那些手段，自下而上地获取某种优越感。事实上，快乐可能是克服困难的最佳方式。笑声，能给人一种轻松感和自由感，与快乐如影随形，而且可以说是快乐的基石。它超越了个人界限，与个人的同情心紧密交织在一起。

但也可能有人会为了一己私利而滥用笑声和快乐。因此，时刻害怕自己被忽视的病患，会在得知一场严重地震的发生后表现得非常高兴。因为当他们感到悲伤的时候，会萌生一种无力感，所以他们选择逃避悲伤，试图用一种相对的快乐情绪来面对自己的处境。滥用快乐的另一种方式就是将快乐建立在他人的痛苦之上。那些在错误时间或错误地点产生的快乐，是对社会感的否定和破坏，不过是一种分离性的情感和征服他人的工具罢了。

（2）同情

同情是社会感最纯粹的表达方式。无论何时，只要我们看到一个人身上的同情心，我们通常就能确定此人的社会感已经十分成熟，因为同情心会帮助我们判断一个人与他人和睦相处的程度。

或许比同情更加普遍的是人们习惯于滥用同情。这种滥用，发生在那些假装自己具有高度社会感的人身上。他们夸张做法的本身，就是在滥用同情。因此，有些人挤破头到灾难发生的现场，其实只是为了登报，从而不费吹灰之力地出名，但实际上受害者并没有从他们身上得到任何帮助。还有一些人，则热衷于揭开别人的伤疤。对于所谓的专业慈善家与救济他人者，我们不能脱离他们本身来看待他们的行为，因为他们实际上是从其声称正在帮助的不幸之人与穷困潦倒之人身上获取优越感的。对人性有着深入了解的拉·罗什富科曾经说过："我们总是能够从他人的不幸遭遇中获得某种满足感。"

人们会有一个错误的想法，就是把上述现象与对悲剧的欣赏联系起来。有人说过，观众会觉得自己比舞台上的悲剧人物更加高尚。但对大多数人而言，这种说法不太合适，因为我们对悲剧感兴趣，在很大程度上是源自我们的自我认识、自我教育。我们不仅深知悲剧是戏剧表演，而且还会利用其中的情节来推动我们为人生更好地做准备。

（3）谦逊

谦逊是一种兼具联合性与分离性的情感。这种情感，也是社会感结构当中的组成部分，因此与我们的精神生活密不可分。要是没有谦逊，人类社会就不可能存在。每当人的人格价值下降，或者人有意识的自我评价不复存在的时候，这种情感就会出现。这种情感会传至身体，而后引发诸如毛细血管扩张等反应。毛细血管充血会表现为脸红。这通常都出现在脸部，但也有一部分人会出现全身发红的情况。

谦逊的外在表现，则是一种退缩的姿态。这是一种孤僻姿态，伴随着轻微的压抑，相当于准备逃离危险的预备状态。目光低垂和腼腆，都是表示逃跑的动作，这说明谦逊确实是一种分离性的情感。

与其他情感一样，谦逊也存在被人滥用的可能。有些人极其容易脸红，因此他们与他人之间的所有关系，都会受到这一分离性行为的破坏。而当谦逊被滥用后，作为一种孤僻性心理机制，它的作用便会体现得更加明显。

教育概述

洞　察　人　性

UNDERSTANDING
HUMAN
NATURE

在此，让我们对之前论述到的一个话题做些补充。这个话题就是，家庭教育、学校教育以及生活教育对心理的影响。

毫无疑问，目前的家庭教育在很大程度上助长了儿童对权力的追求以及虚荣心的发展。对于这一点，每个人都可以从自身经历中受到教训。的确，家庭在儿童教育方面具有得天独厚的优势。我们也很难想出有哪个机构会比一个受过良好教育的家庭更适合照料儿童。尤其在生病这一问题上，家庭更是证明了它是人类延续生存的最佳机构。假如父母还是优秀的教育工作者，具备必要的洞察力，能够在刚开始的时候，就意识到他们的孩子成长过程中出现的错误，并且还能通过适当的教育来纠正这些错误，那我们便会高兴地承认，没有哪种机构比家庭更适合保护人类的身心健康。

然而，不幸的是，绝大多数父母既不是优秀的心理学家，也不是良好的老师。现如今，各种不同程度的病态的家庭自我中心主义在家庭教育中扮演着主要角色。这种自我中心主义，要求自家的孩子应受到特别培养，应当受到他人重视，即使这些要求都是建立在牺牲其他孩子的利益之上的。因此，家庭教育犯下的最为严重的心理方面的错误就是，给儿童灌输了他们必须比其他人都优秀以及自认为比其他人都更好的错误观念。任何一个建立在父权主义这一观念上的家庭，都没有办法摆脱这种错误观念。

现在我们就来谈谈这种观念的坏处。这种父权主义观念，建立在一种微乎其微的人类群落感与社会感之上。它会极其迅速地诱使一个人公开或秘密地抵制社会感。当然，人们从不会公开这种反抗。权威教育最大的弊端就体现在这样一个事实中，那就是它赋予儿童一种想象中的权力，并且向儿童展现了拥有权力的快乐。于是，受此影响的所有儿童，都会对掌控一切充满贪欲，对权力充满野心，并且极度虚荣。最后，这些儿童都渴望爬到顶峰，都想受到他人敬仰，并迟早会要求别人服从和顺从于他们，就像之前他们看到过的那些在他们所处环境中拜倒在最有权力者脚下的人一样。他们的这些错觉将造成不可避免的后果，那就是他们对父母以及这个世界上的所有人，都持一种逞强好斗的态度。

在这种盛行的家庭教育方式影响下，儿童几乎必然会追求优势地位。我们在一些喜欢扮演"大人物"的儿童身上，就能看到这一目标，就像日后我们能从某些人身上看出来的一样。这些人的思想和他们童年生活中那些无意识的记忆，都清楚地表明他们对待世界就像对待家人一样。倘若他们的态度遭到打击，那他们往往就会逃离这个令他们厌恶的世界。

家庭确实是培养儿童社会感的好地方。但是，我们知道，家庭中往往存在权力追求和权威的影响，在这种环境下，这种社会感只能得到一定程度的发展。儿童身上的爱与温和的性格，与他们和母亲之间的关系有关。或许，这是儿童所能拥有的最重要的一种关系，因为在这种关系中，他们会意识到有一个完全值得信赖的人存在。他们会了解到"我"和"你"之间的区别。尼采说过，每个人都从他与他母亲之间的关系中塑造其所爱之人的形象。瑞士教育改革家裴斯泰洛齐（Pestalozzi）也指出，母亲是决定儿童与将来世界之间联系的范本。事实上，儿童与母亲之间的关系，决定了他之后所有的行为。[①]

　　培养出孩子的社会感，是母亲的职责所在。我们在儿童身上所注意到的种种古怪性格，都是由他们与母亲的关系所引发的，并且这种古怪性格的发展方向，也是衡量母子关系的一个指标。只要母子关系发生异常，我们就能在孩子身上发现某种社交缺陷。以下是最常见的两种错误。第一种错误是母亲未对孩子尽责，使得孩子没有丝毫社会感。这一缺陷十分严重，并且会造成许多不愉快的后果。这样的孩子长大以后，会像是身处敌国的异乡人一样。如果我们想要帮助这类孩子，除了重新扮演其母亲的角色外，别无他法。因为不知为何，这类孩子在成长的过程中，失去了母亲对其社会感的培养。可以这么说，这是唯一能让其成为合格的社会人的方法。第二种错误出现得更为频繁，它通常由这一原因引起：母亲担负起了自己的职责，但采用的是一种夸张、强调的方式，以至于孩子不可能将社会感转移和投射到除了母亲以外的人身上。这类母亲会放任孩子将其发展出来的社会感全部投射到自己一个人身上。也就是说，这类孩子只对他们的母亲感兴趣，并且将世界上所有人

---

① 决定一个人行为的因素有很多，不仅仅是由母亲所决定的。

都排除在外。不言而喻，这类孩子缺乏成为一名合格的社会人的基础。

除了母子关系外，还有许多其他重要环节在教育中扮演着重要角色。一所充满欢乐的幼儿园可以让孩子找到融入世界的方法。如果我们理解大部分孩子在这个阶段面临的困难，以及很少有孩子可以在刚出生那几年就适应这个世界或者为自己找到愉悦的环境，我们就能明白，早期的童年印象对一个孩子来说是多么重要了。这些印象，就是引领他在世界上前行的指示牌。如果我们再加上这一事实：许多孩子一出生就体弱多病，他们体验到的只有悲伤和痛苦，并且就读的也不是那种以让他们感到快乐为目标的幼儿园，那我们就能理解，为什么大部分孩子长大以后，都不会对人生和社会持友好态度，也没有受社会感激励（这种社会感原本在一个真实的人类社会中大有益处）。除此之外，我们还必须考虑到教育中会出现的失误，以及这种失误造成的巨大影响。严厉的命令式教育，能够消除一个孩子在生活中可能感受到的所有快乐。这种教育方式，与那种消除孩子在成长道路上的所有阻碍再使之处于温室的教育方式一样，限制了孩子的成长。可以说，当这类孩子长大后，他们无法生活在除家庭温室之外的任何一种糟糕环境中。

因此，我们可以看出，无论是家庭教育还是我们的社会教育，都不适合培养我们渴求的那种有价值的以及志同道合的人。相反，这些教育花费了太多心思在培养虚荣心、野心以及增长个人欲望上。

怎么才能弥补孩子成长过程中的错误，改善他们的处境呢？答案就是学校。然而经过准确的考察，学校出于它本身的局限性，也不能胜任这一任务。如今，几乎没有哪个老师愿意承认，自己可以在儿童早期就辨别出他们身上的人性错误，并且可以在现有的学校条件下纠正它们。老师对这一任务也是毫无准备的。他们的职责只不过是将学校的学科知识传授给学生，至于在教学中触碰人性的本质问题，他们可不敢。此外还有一个事实，就是每个班级的学生人数过多，这更不利于老师完成这一任务。

那么，有没有其他可以弥补家庭教育缺陷的方法呢？也许有人会表示，生活可以。但是生活也有它所特有的局限性。生活本身并不适用于改变一个人，虽然有时候看起来可以，但是人类的虚荣心和野心不会允许这类事情发生。无论一个人犯下了多少错误，他都会要么怪罪于他人，要么认为自己的过错是不可避免的。我们几乎很少发现，在那些对抗社会和犯错误的人当中，有人主动反省自己。我们在先前的章节中论述过的情感滥用也证明了这一观点。

生活本身并不会让人产生任何根本性的变化。这在心理学上是有道理的，因为生活面对的就是以追求权力为明确目标的人类。并且恰恰相反，生活是每个人最糟糕的老师。它完全不会替人考虑，也不会发出警告，更不会教导我们，它只会不管我们，让我们自生自灭。

我们只能得出这样一个结论：唯一可以引起有效变化的机构还是学校。如果学校的职能不被误用的话，它就可以起到这样的作用。迄今为止，学校的情况通常是这样的：接受学校教育的人总是试图把学校变成满足个人虚荣心和野心的工具。现如今我们可以听到这样的呼声，说应当在学校重新建立起旧式权威。旧式权威曾产生过任何好的结果吗？为什么一种被发现有害的权威，突然被很多人认为有价值？我们在家庭中已经看到过那种权威，且家庭的状况比学校好很多，但这种权威只带来了一样东西，那就是普遍的反抗。所以凭什么权威在学校就会变得更好呢？任何权威，只要人们不是自发地对它认可，而是被迫接受，它就不会成为真正的权威。太多的孩子来到学校后都认为，老师仅仅是国家雇用的员工。当我们把权威强加在孩子身上时，一定会对孩子造成不好的影响。权威一定不可以通过强制手段建立，而一定要建立在社会感的基础上。学校是所有孩子在其心理成长过程中一定会经历的一个环境。因此它必须满足保障心灵健康发展的要求。只有当一所学校符合这一要求时，我们才能称其为一所好学校。只有这样的学校，我们才会认为它是人类社会的学校。

结论

我们已经在本书中证明，人类的精神源自一种兼备生理和心理功能的遗传性物质。它的发展受社会影响的制约。一方面，自身机体的各种需求要得到满足；另一方面，人类社会的要求也必须得到满足。这是精神的发展背景，它正是在这种情况下成长和发展的。

我们已经深入分析了精神发展的过程，同时也对感知、回忆、情绪以及思维的功能和作用进行了探讨，最后还对性格和情感的特征进行了分析。我们也已指出，所有以上现象都是由看不见的纽带联系起来的。这些现象一方面服从于社会生活法则，另一方面又受到个人对权力和优越感的追求的影响，因此它们通常表现为一种具有鲜明个人色彩、独一无二的形式。我们还指出，个体对优越感的追求，在经过不同程度的社会感修正后，产生了许多具体的性格特征。这些性格特征并不是遗传而来的，而是经发展得来的。这种发展模式的出发点是帮助精神成长，并衍生出一种有意或无意地指引人们前行的镶嵌式模式。

对于有助于了解个体的性格特征和情感，书中都进行了详细的论述，其他的则没有做过多探讨。我们已经指出，根据对权力的渴求程度，每个人心中都会产生与之相配的野心和虚荣心。我们可以在这一表现中，清楚地看到个体对权力的渴望以及他因此而形成的行为方式。我们还阐述了，过于膨胀的野心和虚荣心，是怎样阻碍个体的正常发展，甚至抹杀其社会感的。由于野心和虚荣心的干扰，人的社会感的发展会受到抑制，那些对权力极端渴望的人甚至会走向自我毁灭。

这一精神成长的法则，在我们看来是无可辩驳的。对任何想要有意识地、公开地规划自己的人生，而不是放任自我成为具有阴暗而诡秘性格倾向的受害者的人来说，这一法则是他们性格发展最重要的指标。以上这些研究，都是我们在人性科学方面所做的实验。这也是探究人性奥秘的唯一途径，因为人性本身就是一门无法教授或传授的科学。总而言之，对我们所有人而言，理解人性似乎都是必要的，而且研究其中的科学原理，是人类最重要的一项精神活动。